Alice Aarau / JoAnn Craig

*Reisegast in* Malaysia + Singapur

W0180121

**Alice Aarau / JoAnn Craig**

# *Reisegast*
# *in*
# Malaysia + Singapur

**Herausgeber der Reihe *Reisegast*:**
**Claudia Magiera und Gerd Simon**

# Reisebuchverlag Iwanowski

© 1994 Verlagsbüro Gerd Simon & Claudia Magiera, München
und Reisebuchverlag Iwanowski, Dormagen

**Redaktion, Lektorat, Bildredaktion, DTP:**
Verlagsbüro Simon & Magiera, München

Übersetzung der englischsprachigen Textteile: Helmut Mennicken

**Illustrationen:**
Dr. Volkmar Janicke (Seiten: U 1, 9, 31, 47, 71, 79, 85, 113, 129, 151), Cliff
Vestner (Seiten: 41, 149), Malaysisches Fremdenverkehrsamt Frankfurt
(Seiten: 23, 119, 125), Singapore Tourist Promotion Board Frankfurt (Sei-
ten: 27, 32, 43, 51, 55, 67, 77, 87, 101, 109, 115, 121, 127, 153), Bildarchiv
Verlagsbüro Simon & Magiera (Seiten: 13, 17, 19, 21, 25, 34, 35, 37, 39, 49,
57, 61, 68, 69, 73, 75, 81, 83, 89, 91, 93, 97, 103, 105, 111, 117, 123, 133,
135, 137, 139, 141, 143), Arthero (Seiten: 147, 154–159), Hans-Jörg Keller
(Seiten: 45, 65)

Gesamtherstellung: F. X. Stückle, D 77955 Ettenheim

ISBN 3-923975-74-0

## Sitten und Gebräuche der Malaien

## Sitten und Gebräuche der Inder

# Kulturschock –
# Das geheimnisvolle
# Leiden

# Kulturspiel

# Einführung

Die Gesellschaft in Singapur und Malaysia ist eine **aus Menschen verschiedener Sprache, Herkunft und Religion zusammengesetzte pluralistische Gesellschaft**. Diese Menschen haben eine neue Gesellschaft geschaffen, in der verschiedene ethnische Gruppen zu einer neuen »Legierung« verschmolzen sind. Und doch hat dabei jede Gruppe ihre Einzigartigkeit und Individualität beibehalten, was zu dem besonderen Charme und der exotischen Würze dieser Länder beiträgt.

Die örtlichen Gebräuche und Umgangsformen des Fernen Ostens sind in vieler Hinsicht verschieden von den traditionellen »guten Manieren« der westlichen Kultur. Wir neigen dazu zu denken, daß das grundlegende Verhalten und die Etikette westlicher Art weltweit verstanden werden und gelten; **womöglich bemerken wir nicht, daß gute Manieren innerhalb der einen Gesellschaft genau das Gegenteil in einer anderen bedeuten können**. Und tatsächlich erscheint die westliche Etikette manchen Asiaten anstößig, ja sogar beleidigend!

Dieses Buch wurde in der Hoffnung geschrieben, daß es Menschen aus dem westlichen Kulturkreis helfen möge, ein tieferes Verständnis sowie bessere zwischenmenschliche Beziehungen zu Angehörigen des östlichen Kulturkreises zu entwickeln. Die Regeln des sozialen Umgangs sind in jeder Gesellschaft schwer in den Griff zu bekommen, um wieviel schwerer muß dies in Singapur und Malaysia fallen, wo **drei bedeutende soziale Gruppen mit unterschiedlichen Formen sozialer Etikette leben: Chinesen, Inder und Malaien**.

Verbindliche und angemessene Umgangsformen schlagen Brücken zu anderen Menschen. Wenn wir uns um jemanden bemühen, dann versuchen wir, seine Gebräuche, die Etikette, die örtlichen Gepflogenheiten und die Regeln zu verstehen, die ihn in seinem täglichen Leben leiten. Dies ist eine der besten Möglichkeiten, eine Grundlage für Freundschaft und Zusammenarbeit herzustellen. **Das soll aber keineswegs bedeuten, daß wir unsere eigenen Standards an Verhalten, Werten, Glauben und Einstellungen aufgeben sollen; wir sollten sie lediglich im Namen der Freundschaft und des guten Willens erweitern.**

**In der westlichen Kultur** ist es durchaus nicht unschicklich, beim Betreten einer Wohnung die Schuhe anzubehalten (ganz im Gegenteil: es wäre zumeist unhöflich, sie auszuziehen!); gilt es als freundlich, daß Personen beiderlei Geschlechts sich bei der Begegnung die Hände schütteln; ist es gleichgültig, mit welcher Hand man etwas überreicht; gehört es zum sozialen Umgang, die Gastgeberin oder den Gastgeber bei Begrüßung oder Abschied zu umarmen oder zu küssen; gilt es als entgegenkommend, Gästen ein saftiges Steak auftischen; gilt es als annehmbar, mit ausgestrecktem Zeigefinger auf eine Person zu zeigen oder ein Taxi herbeizurufen.

*Die multikulturelle Tradition Malaysias und Singapurs und die Öffnung beider
Länder für die Moderne sollten den Reisenden nicht glauben lassen,
er befände sich in einem Raum »neutralen kulturellen Identitätsverschnittes«,
in dem jedes Verhalten möglich ist.*

**Nicht so in Singapur und Malaysia:** Dort sind all die aufgezählten Verhaltensweisen in einer oder mehreren der verschiedenen ethnischen Gruppen **tabu.** Die Menschen in Singapur und Malaysia sind liebenswürdig und freundlich. Sie sind tolerant und verstehen unsere Verstöße gegen die soziale Etikette. Sie begreifen, vielleicht eher als wir selbst, daß wir von verschiedenen kulturellen Wurzeln stammen und uns deshalb auch unterschiedlich ausdrücken. Sie scheuen davor zurück, uns in Verlegenheit zu bringen, indem sie uns darauf hinweisen, einen Schnitzer begangen zu haben oder in ein Fettnäpfchen getreten zu sein.

Andererseits befinden wir uns als Besucher aus dem Westen als **Gast im anderen Land,** und es ist dem Erscheinungsbild des Besuchers sicher nur dienlich, wenn wir uns an Gebräuchen, Verhalten und örtlichen Umgangs-

9

formen unseres Gastlandes interessiert zeigen. Manchmal spüren wir, daß irgendetwas nicht gut läuft, daß unsere Botschaft irgendwie nicht ankommt, daß etwas mißverstanden wurde, ohne daß wir wissen, weshalb. Wir haben den Eindruck, daß uns wesentliche Hinweise zum richtigen Verhalten fehlen und **die Voraussetzungen für eine Verständigung auf beiden Seiten nicht die gleichen sind.** Wir erleiden den berühmt-berüchtigten »Kulturschock« (mehr darüber später); die meisten Reisenden, Touristen, Gäste und Gastarbeiter kommen in fremden Gefilden mit ihm in Berührung. Es ereignen sich zahllose Irrungen und Wirrungen: Wir wollen Freundschaft ausdrücken und wirken im besten Falle rührend hilflos, wenn nicht kindisch; wir tragen Shorts, wo wir unsere Körper besser bedeckt hielten; unsere Gesten wirken unabsichtlich »obszön« auf die Frau und die Kinder unseres Gastgebers; wir überbringen Geschenke, die symbolhaft mit Tod und Beerdigung verknüpft sind und somit eher ein Gefühl der Trauer als der Freude vermitteln; wir streicheln und tätscheln den Kopf eines Kindes, nicht wissend, daß es zahlreicher Gebete bedarf, um das dadurch bewirkte Unglück aus dem Weg zu räumen. **Eine an »Kulturschock« leidende Person ist sich häufig nicht darüber im klaren, weshalb etwas schiefgeht; aber bei solchen Gelegenheiten ist sie sich durchaus bewußt, daß Kultur etwas sehr Wirkliches ist und nicht alle Menschen durch ein einigendes Band einer universellen Kultur verbunden sind.**

Dieses Buch wurde als **»anderer Reiseführer«** in der Hoffnung geschrieben, daß es die Kontakte zwischen den Menschen aus dem Osten und dem Westen erleichtert und verbessern hilft. Es will dem **Reisegast** mit Hinweisen auf die besonderen Umgangsformen in Singapur und Malaysia dienen: die Art und Weise, in der die Menschen dort miteinander verkehren, und die Art und Weise, in der sie selber behandelt werden möchten – mit **Zuvorkommenheit** und **Respekt.** Diese soziale Begegnungsweise ist Grundlage des gesellschaftlichen Miteinanders.

Da wenig schriftliches Material vorliegt, gründen die meisten Informationen dieses Buches auf Interviews. Daher sind möglicherweise einige wichtige Sitten nicht vertreten oder andere nicht ganz korrekt dargestellt. Der Leser möge Irrtümer und Auslassungen entschuldigen – und auch das mit dieser Bitte einhergehende Eingeständnis, subjektiv zu sein.

Die **Umgangsformen** in Singapur und Malaysia werden ergänzt von einigen Themen allgemeinen kulturellen Interesses, um Reisenden, Touristen, Gästen und »Gastarbeitern« auch durch **Hintergrundinformationen** den Zugang zu den Menschen dieser Gesellschaft zu erleichtern. Touristen finden womöglich nicht oft Gelegenheit, »Einheimischen vor Ort« zu begegnen. Doch wenn sie diese Möglichkeit auslassen, lernen sie das Beste aus den »bereisten« Ländern nicht kennen.

Auch auf **wichtige Abschnitte im Leben des einzelnen**, u.a. die Pubertät, das Freien, Verlobung, Heirat, Geburt und Tod, wird eingegangen. Schließlich bieten gerade diese Anlässe dem aus dem Westen kommenden Reisegast die Gelegenheit, auf noch weitgehend unverfälschter Ebene den Einheimischen zu begegnen. Der Beschreibung des entsprechenden Ritus oder Rituals sind Tips für das jeweils zu empfehlende Verhalten angefügt.

Auf die Darstellung von Festen (ausgenommen das chinesische Neujahrfest und das indische *Thaipusam*-Fest) wurde bewußt verzichtet, da genügend Bücher sie ausführlich erklären und dieser drei Kulturen umspannende Führer nicht Ihr Handgepäck sprengen soll.

*Alle Menschen sind gleich. ... nur ihre Gewohnheiten sind sehr verschieden!*
*(Konfuzius)*

# Ost und West: Über einige Unterschiede in Kultur und Persönlichkeit

## Gefühlsausbrüche

Ein heißer und schwüler Tag; ein Mißverständnis bei der Bank; ein unerfahrener Verkäufer; die Antwort »Tut mir leid – nicht mehr vorrätig«; ein unerfreuliches Erlebnis in einem Reisebüro: wie leicht kann jeder dieser Anlässe zu **Verärgerung** oder gar einem **Gefühlsausbruch** führen. Im Westen kann man seinem Ärger laut und lärmend freien Lauf lassen, und meist hat man damit niemandem ein Leid zugefügt. Oft stellen sich sogar umgehend Erfolge ein, wenn man seine gerechte Entrüstung zur Schau stellt.
**Nicht so in Asien!** Hier gilt es als unentschuldbar, mit erhobener Stimme zu sprechen oder gar zu schreien, zu fluchen oder sich zu anderen gewalttätig wirkenden Temperamentsäußerungen hinreißen zu lassen. Zwar verliert auch das Opfer sein »Gesicht«, aber **die Person, die offen ihren Ärger gezeigt hat, büßt möglicherweise für immer ihr Ansehen ein.**

## Lautstärke der Stimme

Viele Leute aus dem Westen sprechen mit lauter und kräftiger Stimme; **Asiaten dagegen sprechen um so leiser, je wichtiger das Thema ist!** Aus unerfindlichen Gründen glauben manche Besucher aus dem Westen, die Sprachbarriere besser überwinden zu können, indem sie besonders LAUT sprechen.
Jedoch ist nicht Taubheit das Problem, sondern das innere Verständnis, die inhaltliche Vermittlung. **L a n g s a m sprechen hingegen kann äußerst hilfreich sein**; auch behutsame Gesten und Gebärden zur Untermalung sowie die freundlich erbetene Unterstützung eines Vorübergehenden vermögen hier am ehesten zu helfen.
Manche Besucher aus dem Westen sprechen die Wörter in Einzelsilben aus oder reden zu den Einheimischen in einer Art verkürzter Babysprache in Pidgin-Manier. Dies ist lächerlich angesichts der Tatsache, daß insbesondere die Bevölkerung von Singapur eine gute Ausbildung genossen hat und oftmals zwei- oder sogar dreisprachig ist. Vernachlässigen Sie also nicht die Artikel und die Präpositionen: »Ich gehe zu Laden … bin zurück … eine Stunde.« **Sprechen Sie so normal wie zu Hause, in ganzen Sätzen, dafür aber lieber etwas langsamer.**

*»Hemdsärmelige« Gestik, »entgleiste Gesichtszüge«, dazu noch laute Stimme*
*und meist größere, kräftigere Statur ... – hier braut sich eine explosive*
*Mischung des zivilisatorischen Mißverständnisses zusammen.*

## Bescheidenheit und Zurückhaltung
## statt Stolz und Eitelkeit

Besucher aus Ländern mit einer hemdsärmeligen Leistungshaltung betrachten Stolz, entschiedenes Auftreten, Aggressivität, Leistungsschau, Offenheit
und Ungezwungenheit als Vorzüge. **In Asien gilt das entgegengesetzte**
**Wertemuster.** Die Tugenden Demut, Zurückhaltung, Bescheidenheit und
Harmonie werden hoch geschätzt.
Es wird Ihnen auffallen, besonders wenn Sie Chinesen beim Umgang miteinander beobachten, daß sie bescheiden auftreten und sich selten großspre-
cherisch gebärden. Wenn sie über ihre Kinder oder Besitztümer sprechen,
tun sie dies in einem leicht herabwürdigenden Ton. Der Hang der Menschen
aus dem Westen, von den Heldentaten ihrer Kinder in rühmendem, gar prah-
lerischem Ton zu erzählen, gilt hier als Ausdruck schlechten Geschmacks.
**Es kommt unweigerlich zu Mißverständnissen, wenn es einem Men-**
**schen aus dem Westen nicht gelingt, diesen Aspekt der östlichen Psyche**
**zu begreifen.** Zur Veranschaulichung soll die folgende, von einem chinesischen Bekannten berichtete wahre Geschichte dienen:

13

*Ein reicher Kaufmann fuhr nach London, wo er einige sehr wichtige europäische Gäste einlud. Für die Verpflegung hatte er sich der Dienste eines namhaften Hotels vergewissert. Wie es so die Art der Chinesen ist, wies er seine Gäste auf die geringe Qualität von Essen und Getränken hin. Er bemerkte dies aus Achtung seinen ehrenwerten Gästen gegenüber, um ihnen so das Gefühl zu vermitteln, daß für sie nichts gut genug sei. So verlangt es die chinesische Etikette. Bedienstete des Hotels hörten zufällig diese Äußerungen des Kaufmanns, und da die Hoteldirektion sich beleidigt fühlte, reichte sie gegen den Kaufmann Klage wegen Rufschädigung ein.*

Die Moral von der Geschicht': In Singapur und Malaysia kann dem westlichen Besucher eine etwas **bescheidenere und demütigere Haltung, als er sie aus seiner Heimat gewohnt ist,** helfen, seine persönlichen wie geschäftlichen Beziehungen zu verbessern. Ungezwungenheit ist ein natürliches Zeichen der Freundlichkeit besonders der Amerikaner und Australier. So ist mancher Fremde dann betroffen, wenn ihm bewußt wird, daß **für Asiaten Unbekümmertheit nicht gleichbedeutend mit Freundlichkeit ist.**

## Der »Aber bei uns... !«-Tick

Nahezu zwanghaft meinen viele Besucher das Land, in dem sie sich als Gast aufhalten, mit ihrem Heimatland vergleichen zu müssen. Die kulturellen Unterschiede sind natürlich augenfällig. Aber **vergessen Sie nicht, die Menschen aus Singapur und Malaysia so zu behandeln, wie Sie selber es gerne hätten.** Denn sie sind stolz auf ihr Land und verübeln Ihnen Bemerkungen der Art: »Aber bei uns in Deutschland … haben wir größere … bessere …«, »Unsere französischen Frauen sind aber …« und »Bei uns in Italien sind …« **Jeder kann sich erlauben, seine eigene Familie, seine Freunde, sein Land usw. zu kritisieren, Fremde jedoch sollten sich dieses Recht nie herausnehmen.**

## Erscheinungsbild eines Europäers

Verglichen mit einem Asiaten ist der durchschnittliche Europäer ein Riese, stärker behaart und anders riechend (vermutlich wegen der Fleischberge, die er verzehrt). Wenn Sie nun noch berücksichtigen, daß **unsere Stimmen oft laut und dröhnend wirken, unsere Haltung aggressiv und unser geistreicher Spott wie eine Kampfansage,** und wenn Sie all dies mit dem zurückhaltenden Betragen eines Asiaten vergleichen – dann werden Sie sich gewiß bemühen, nicht gerade wie »eine Axt im Walde« aufzutreten.

## Sinn für Humor

Der Fremde stellt in Asien bald fest, daß **Lachen keineswegs immer Ausdruck von Belustigung ist.** Asiaten mögen bei Anlässen lachen, die

Europäer todtraurig finden. Oft lachen sie, wenn sie schüchtern, nervös oder in Verlegenheit sind. Sie lachen, um ein Gefühl der Demütigung oder einen »Gesichtsverlust« zu verbergen. Wenn beispielsweise die Verkäuferin die Vase fallen läßt, die Sie soeben erstanden haben, dann lacht sie aus Verlegenheit, nicht weil sie die Situation komisch findet. Oder wenn das junge Kindermädchen über die merkwürdig gebogene Form des gebrochenen Arms Ihres Sohnes lacht, so lacht sie nicht aus Erheiterung oder Schadenfreude, sondern weil sie in Anwesenheit eines gutaussehenden jungen Mannes verlegen ist.

Westliche Besucher sollten sich stets diese unterschiedliche Reaktion in West und Ost vor Augen halten. Denn **nur so können Sie Situationen einschätzen lernen und angemessen darauf reagieren.**

## Komplimente

Vorsicht, hier droht Gefahr! **Loben Sie nicht das Kind eines Asiaten**, versagen Sie es sich, seine Pausbacken zu kneifen, halten Sie sich mit anerkennenden Bemerkungen über sein Aussehen und Gedeihen zurück. Asiaten befürchten, Komplimente wie diese könnten einem niedlichen Kind, einem hübschen Mädchen, einem rundlichen Baby mit Grübchen das »böse Auge« bescheren, wodurch dem derart gelobten Kind oder Erwachsenen unweigerlich ein Unglück zustößt.

Selbst moderne Eltern könnten im Falle eines solchen »Fluches« rasch zu einem Bündel Chilischoten und Zwiebeln greifen, diese verbrennen und mit der Asche dreimal das Haupt des Kindes umkreisen. Danach werfen sie die Asche weg. Manche verwenden bei derlei Reinigungs- und Gegenwirkungsritualen auch Salz. Auch wenn junge Leute dieses Ritual verspotten, führen Eltern es doch aus. Man kann ja nie wissen! Es gilt als besonders übelverheißend, **Komplimente in Anwesenheit der Kinder** zu äußern.

Viele Chinesen nennen ihre Kinder mit verunglimpfenden »**Kosenamen«** wie »Hündchen«, »Schweinchen« o.ä. Indem man Kinder als häßlich und abstoßend bezeichnet, will man böse Geister täuschen und verhindern, daß diese den Kindern übelwollen und ihnen aus purem Neid Böses zufügen.

## Anrede

Die Gepflogenheit in Malaysia und Singapur entspricht dem deutschen Brauch, einen Bekannten erst dann mit dem **Vornamen** anzusprechen, wenn eine gewisse Vertrautheit dazu anregt. Geschäftsleute aus den USA kommen gleich beim ersten Treffen zur Sache und nennen ihr Gegenüber beim Vornamen, den sie mitunter noch abkürzen oder gar verballhornen. Sie glauben, mit dieser Ungezwungenheit Freundlichkeit auszudrücken.

Diese »Holterdipolter«-Methode gilt in Asien als unschicklich. Man **wartet, bis die möglicherweise ranghöhere Person anregt, sie weniger förmlich**

**anzusprechen.** Asiaten ehren gewöhnlich die älteren Mitglieder einer befreundeten Familie mit der Anrede »Tante« oder »Onkel«, selbst wenn keine verwandtschaftlichen Bande bestehen.

Beim Betreten eines asiatischen Hauses ist es deshalb ein unerläßliches Gebot der Höflichkeit, immer zuerst das **älteste Mitglied der Familie** herauszufinden und zu grüßen (mit »Hallo Tante« oder »Hallo Onkel«), um dadurch seine Anwesenheit kundzutun und ihnen den gebührenden Respekt zu zollen.

## Körperliche Berührung

Im Westen faßt man sich gerne an (innerhalb bestimmter Grenzen natürlich, die nicht zuletzt den gleichgeschlechtlichen Körperkontakt einschränken). Paare halten Händchen, haken sich unter, Freunde geben sich bei Begrüßung und Abschied Wangenküsse usw.

Asiaten zeigen sich hier zurückhaltender. Berührt ein Mann eine Frau oder umgekehrt, so wird dies als **unschicklicher Ausdruck von Intimität** gedeutet.

Uns wurde dies bewußt, als uns die Frau eines europäischen »Gastarbeiters« anrief, um von einem unangenehmen Einkaufserlebnis zu berichten. Um den Verkäufer davon abzuhalten, meterweise Stoff vom Ballen zu rollen, hatte sie ihren Arm ausgestreckt und ihre Hand auf seinen Arm gelegt. Als er einen stieren Blick bekam, gab sie unverzüglich Fersengeld. **Es wird als amouröses Anerbieten verstanden, wenn eine Frau einen Mann berührt oder umgekehrt.**

Für den Körperkontakt in Asien bestehen klare einschränkende Vorschriften. **Dieses soziale Tabu bezieht sich allerdings nur auf Berührungen zwischen Personen verschiedenen Geschlechts.** Es gilt durchaus als sozial annehmbar, daß ein Mann mit einem anderen Mann händchenhaltend spazierengeht oder den Arm um seine Schulter legt; gleiches gilt für Mädchen. Wir hingegen betrachten dies eher mit gemischten Gefühlen. Während wir Personen des anderen Geschlechts häufig zwanglos berühren, weichen wir meist davor zurück, eine Person des gleichen Geschlechts zu berühren oder gar mit ihr Händchen zu halten.

Eine junge Amerikanerin machte eine einschlägige Erfahrung. In ihrer großen Freude, einen chinesischen Freund wiederzutreffen, den sie seit langer Zeit nicht mehr gesehen hatte, stürzte sie spontan auf ihn zu und umarmte ihn. Sofort fühlte sie, daß sie irgend etwas falsch gemacht hatte, weil er wie versteinert einen Schritt von ihr zurückwich. Bei späteren Begegnungen hielt er ein jedes Mal unwillkürlich seine Hände vor den Körper, als wollte er Boxerstellung beziehen. Denken Sie also daran: **In Singapur und Malaysia dürfen Sie Angehörige des gleichen Geschlechts berühren, (fast) soviel Sie mögen. Jedoch Hände weg von den Angehörigen des anderen Geschlechts – zumindest vor den Augen anderer.**

16

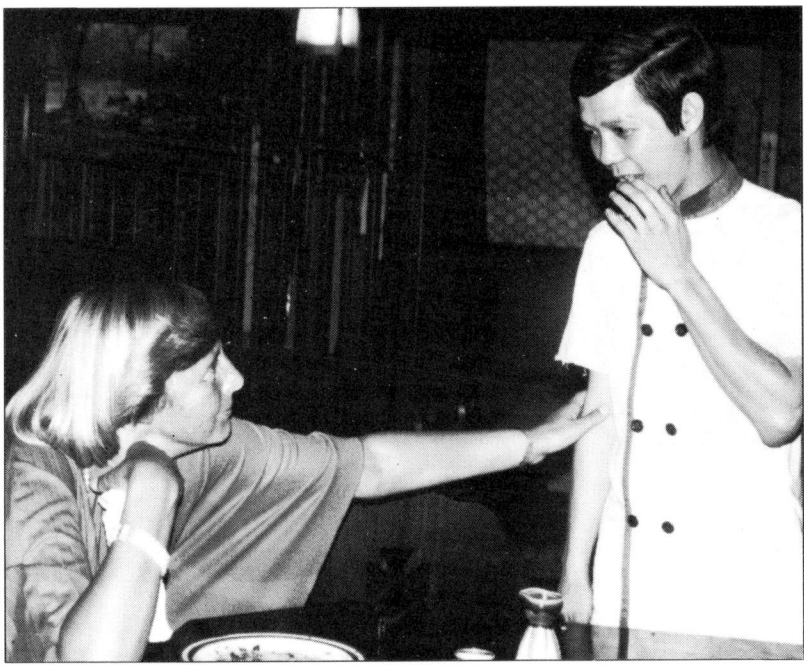

*Hände weg von Personen anderen Geschlechts!*
*Die Geschlechtergrenze so zu überschreiten, dies bedeutet hohes Risiko.*

## Gespräche
## über persönliche oder intime Angelegenheiten

Menschen aus dem Westen sprechen oft sehr vertraulich miteinander. Offenheit gilt als ein Zeichen von Freundschaft, freimütiges Offenbaren von Gefühlen und intimen Empfindungen ist Ausdruck von Vertrauen. **In asiatischen Ländern dagegen wird großer Wert auf Zurückhaltung gelegt.** Sogar in einer engen Beziehung gilt es als befremdlich, persönliche oder gar intime Angelegenheiten miteinander zu besprechen.

Das offene und unumwundene Aufeinanderzugehen werten viele Menschen in Europa als Tugend. **In Asien aber gilt es als Zeichen von Schwäche oder gar Feigheit, sich seinem Gegenüber zu öffnen.** Es gilt als demütigend, sein Innerstes bloßzulegen. Wer sich »öffnet«, dem kann man nicht vertrauen. Er verrät Geheimnisse – sogar seine eigenen!

Als von Natur aus sehr neugierige Menschen erfuhren wir rasch, daß es für chinesische Männer nicht ungewöhnlich ist, mit mehr als nur einer Ehefrau verheiratet zu sein. Heutzutage üben in Singapur, da dieser Brauch dort verboten ist, nur noch wenige ältere Männer die Vielweiberei aus. Als ein chinesischer Freund erzählte, sein Vater lebe mit zwei Frauen, stellten wir ihm einige Fragen, die uns auf der Zunge brannten: Liebte er seine beiden Frauen in gleichem Maße? Wie teilte er seine Zeit zwischen beiden auf? Waren seine Frauen aufeinander eifersüchtig? Wie gingen die Halbgeschwister miteinander um usw.? Der arme Freund war verdutzt. Nach einem Augenblick meinte er: **»Einem Asiaten sollte man solche Fragen besser nicht stellen. Solche Angelegenheiten besprechen wir nicht einmal mit unseren Eltern.«** Wir mußten und müssen die meisten Lektionen auf die Knüppel-Pauk-Methode lernen – und hoffen, daß Sie es da leichter haben werden. Umgekehrt wissen nur sehr wenige Asiaten, daß wir meist nur ungern über den Preis einer gekauften Ware, die Höhe des Einkommens, der Miete usw. sprechen. Selten ist ihnen bewußt, daß **im Westen Geldangelegenheiten tabu sind.** Wenn jemand aus Singapur oder Malaysia Sie fragt: »Wieviel haben Sie dafür ausgegeben?«, so drückt er damit lediglich ein freundliches Interesse aus. Antwortet er dann: »Oh, das ist aber zu viel!«, so will er lediglich hilfreich sein, Sie auf billigere Einkaufsmöglichkeiten am Ort hinweisen – eine, wie Sie wissen sollten, **»typisch asiatische«** Höflichkeit.

## Anstößige oder obszöne Gesten

• **Mit dem Zeigefinger auf andere Menschen weisen** gilt als sehr ungehörig. Benutzen Sie den Daumen oder die geöffnete Hand, wenn Sie auf jemanden zeigen müssen.
• In der asiatischen Kultur gilt es als ungehobelt, **jemanden mit dem Zeigefinger heranzuwinken.** Dies könnten Sie bestenfalls Ihrem Hund gegenüber versuchen. Eine winkende Geste mit den beiden ersten Fingern der Hand wirkt ebenso unfein. **Wie winkt man also in Singapur und Malaysia eine Person, ein Taxi usw. höflich heran?** Benutzen Sie dazu die ganze Hand: die hohle Hand nach unten, die vier Finger geschlossen, den Daumen quer unter der Handfläche oder ausgestreckt. So machen Sie winkende Bewegungen, die hohle Hand nach innen krümmend, zu ihrem Körper hin, etwa so, als würden Sie Krümel von einem Tisch in Ihre linke Hand schaufeln.
• Äußerst unmanierlich wirkt es, **mit der rechten Faust in die hohle linke Hand zu schlagen.** In einer gemischten Gesellschaft sollte Sie sich nötigenfalls mit einer Zwangsjacke davor hüten. Ein dynamischer Manager aus dem Westen schloß seinen Vortrag vor der Vertretung der fernöstlichen Filiale seiner Firma mit den folgenden Worten: »Und dies sind die Ziele für das kommende Geschäftsjahr …« Um die Bedeutung seiner Aussage zu unterstreichen, schlug er krachend mit der rechten Faust auf die linke Handfläche. Diese mißverständliche Geste verkehrte die Absicht des Redners ins Gegenteil. Er hat nie erfahren, wodurch er solch kichernde Heiterkeit hervorgerufen hatte. Vergleichbar obszön käme bei uns die Geste an, eine Faust zu machen und den Daumen zwischen Zeige- und Mittelfinger zu stecken.

18

• **Wissen Sie nicht, wohin mit Ihren Händen, wenn Sie zum Beispiel eine Party besuchen, so stemmen Sie sie jedenfalls nicht in die Hüften** – damit gäben Sie angestautem Ärger unmißverständlich Ausdruck.

*Der Schlag der geballten Faust gegen den Handteller und die verzerrten Gesichtszüge sind Warn- und Schocksignale, die zu (ebenfalls aggressiven) Angstreaktionen führen können.*

## Ethnozentrismus — Kulturscheuklappen

Ethnozentrismus – welch bedeutungsschwangeres Wort, für jeden Völkerkundler ein rotes Warnsignal! Er ist eines der schwersten Vergehen, dessen ein Ethnologe angeklagt werden kann. Wie das? Das *Brockhaus-Lexikon* gibt folgende Definition: »Die Einstellung ethnischer Gruppen, die eigene Lebensform und Kultur anderen Gruppen gegenüber als Maßstab anzuwenden oder für allgemeingültig zu halten.« **Bezogen auf das eigene Verhalten bedeutet dies, daß man jede fremde Kultur auf unvorteilhafte Weise mit der eigenen vergleicht**; daß man die fremde Kultur immer nur durch die Brille der eigenen Kultur wahrnimmt; daß man andere Kulturen also voreingenommen, nicht vorurteilsfrei und mit Scheuklappen betrachtet; daß man die eigene Kultur als vorbildlich oder ausgesucht ansieht und annimmt, der eigene Wertestandard sei allgemeingültig und wirklich wahr – und daß man die eigenen Gebräuche als die ursprünglich **menschlichen** betrachtet, während alle anderen dagegen zweitrangig erscheinen.

Diese Ansicht drückt sich am klarsten in der »Bei uns zu Hause machen wir das aber ganz anders«-Einstellung aus. Sie schleicht sich ein, wenn man es am wenigsten erwartet, und sie meldet sich bei den nettesten Leuten zu Wort. Sie taucht auf, oftmals unbewußt, wenn man sich soeben entschlossen hat, in der fremden Kultur, in der man lebt oder sich besuchsweise aufhält, alles gebührend zu würdigen.

Ein Beispiel dafür liefern die Beobachtungen, die man während der Durian-Saison in Singapur und Malaysia machen kann. Diese Zeit macht dadurch auf sich aufmerksam, daß die Einheimischen ungestüm riesige Säcke mit diesen eigenartig riechenden Früchten nach Hause schleppen. Der Duft hängt stundenlang schwer in den Aufzügen und Treppenhäusern. Physiologisch betrachtet funktionieren die Nasen der Menschen auf dieselbe Weise, doch kulturell betrachtet völlig unterschiedlich. Weshalb Durianfrüchte für einige Menschen einen paradiesisch **duften**, während sie für andere nach Schweißfüßen mit Harzer Käse **stinken**, ist lediglich eine Frage des Ethnozentrismus. **Um eine andere Kultur zu verstehen und zu schätzen, muß man seinen Horizont erweitern** und – falls möglich – seine Nüstern ebenfalls.

## Das »Ja« in Asien

Wenn Asiaten Ihnen mit »Ja« antworten, meinen sie oft nur: »Ich höre, was Sie sagen, bin jedoch nicht unbedingt Ihrer Meinung!« **Ein »Ja« in Asien kann auch »vielleicht« oder »nein« bedeuten.** Viele Menschen aus dem Westen werten dies als Zeichen von Unzuverlässigkeit. Dabei befolgen viele Asiaten doch nur eine östliche Verhaltensnorm, die besagt, man solle **nie im Widerspruch zu einem sozial Höhergestellten stehen oder ihn gar in Frage stellen.** Zu einer Unwahrheit Zuflucht zu nehmen gilt als weniger verwerflich, als jemanden sein »Gesicht verlieren« zu lassen oder die Gefühle eines anderen Menschen mutwillig zu verletzen oder ihn gar unglücklich zu machen.

Ein Asiate erklärt dies so: »Wenn ich nicht möchte, daß Sie sich unwohl fühlen, sage ich Ja mit dem Mund, aber Nein mit meinem Gesicht oder meinen Taten.« **Manche Asiaten nehmen das Wort »nein« also nie in den Mund.**

20

*Der Kauf einer Durian-Frucht ist für Gäste in Asien wie eine Reifeprüfung.*
*Die Frucht (»Stinkt wie Hölle, schmeckt wie der Himmel!«) wird nach ihrem*
*Geruch und ihrer »inneren Musik« beim Schütteln beurteilt.*

## Förmlichkeit und Ritual

Asiatische Kulturen zeichnen sich dadurch aus, daß sie – noch – viel förmlicher und traditioneller sind als westliche. Asiaten schätzen und pflegen **Einleitungsfloskeln und Förmlichkeit,** wo wir oft Entscheidungen in zwangloser Atmosphäre fällen und uns wenig Zeit für Vorgeplänkel lassen. **In Asien drückt das Vorspiel und formelle Ritual oft die Bedeutung einer Angelegenheit aus.** Wir aus dem Westen eilen meist lieber schnurstracks zur Sache und glauben, Förmlichkeit verschwende Zeit und Geld.
Für Singapur mag dies weniger zutreffen, da die Bevölkerung von Singapur durch die Politik der Industrialisierung seit langem mit Partnern aus dem Westen zu schaffen hat. Nach und nach ist sie mit dem westlichen Geschäftsgebaren vertraut geworden. In vielen Gegenden Malaysias fällt die rituelle Förmlichkeit jedoch deutlich ins Auge.

## Das  asiatische »Gesicht«

Wir baten einen jungen Studenten aus Singapur, der an einer australischen Universität studiert hatte, vom stärksten »Kulturschock« zu erzählen, den er dort erlitten hatte. Er meinte: »Wissen Sie, was mir als erstes auffiel? Dort kümmert sich niemand um das Gesicht. Ist man in Australien zu einer Party eingeladen, erwartet der Gastgeber, daß Sie Ihre eigene Flasche Alkohol mitbringen. Hier in Asien würde der Gastgeber sich beleidigt fühlen (er würde Gesicht verlieren), wenn seine Gäste sich derart verhielten. Sie würden damit zu verstehen geben, daß sie nicht glauben, er könne sie ausreichend mit Getränken versorgen.«

**Gesichtsverlust** ist eine schwer zu deutende psychologische Angelegenheit. Er ist umschrieben worden als: jemanden in Verlegenheit bringen; jemandem das Gefühl der Demütigung vermitteln; Minderwertigkeitsgefühle verursachen; jemanden beleidigen. Gesichtsverlust fällt am ehesten ins Auge bei **Beziehungen zwischen Höhergestellten und Untergebenen**. Zum Beispiel würde ein Kind oder Jugendlicher (dies gilt übrigens auch für die Erwachsenen) in Asien nie in der Öffentlichkeit eine von der Meinung seiner Eltern abweichende Meinung äußern. Denn sie würden dadurch ihr Gesicht verlieren. Eine Familie, selbst eine arme, ist verpflichtet, beispielsweise zu einer Hochzeitsfeier alle Verwandten und Freunde einzuladen. Geschieht dies nicht, so erleidet diese Familie Gesichtsverlust. Wenn ein Untergebener mit seinem Vorgesetzten in der Firma diskutiert oder eine andere Meinung zeigt, erleidet der Vorgesetzte Gesichtsverlust. Wenn ein Schüler seinen Lehrer durch hartnäckige Fragen »in Frage stellt«, erleidet der Lehrer Gesichtsverlust. Dies alles soll erklären, weshalb zum Beispiel ein asiatischer Angestellter öffentlich die Arbeitsauffassung eines westlichen Arbeitgebers unterstützt, während er insgeheim weiterhin so verfährt wie bisher. Viele Menschen aus dem Westen deuten diese Verhaltensweise als **Unaufrichtigkeit**, während Asiaten sie als **höflich** empfinden.

## Ratschläge für den westlichen Besucher

Trotz der vielen Hinweise, die dem europäischen Reisenden zum Verständnis der östlichen Psyche vorab erteilt werden, glauben nicht wenige an den **scheinbar sicheren Leitsatz: »Sei ganz du selbst: offen – freundlich – und freimütig du selbst!«**

Diese Eigenschaften, so wird angenommen, sind es doch gerade, die man an den Menschen aus dem Westen am meisten schätzt. Doch Sie sollten bedenken, daß die Asiaten seit alten Zeiten ihre besondere kulturelle Eigenart entwickelt haben (siehe z.B. »Gesichtsverlust«), die unter anderem auch durch die Großfamilie und räumliche Enge bestimmt wurde. **Es ist weniger wahrscheinlich, daß Asiaten Menschen aus dem Westen wegen ihrer Freundlichkeit, Freimütigkeit und Offenheit bewundern, als daß sie glauben, jenen fehle es an Anmut, Umgangsformen und Gewandtheit.**

**Wir möchten nicht darauf hinwirken, daß Sie warme und freundliche Empfindungen Ihren asiatischen Gastgebern gegenüber zügeln** – ganz im Gegenteil. Aber wir wollen darauf hinweisen, daß sich Mißverständnisse

*Das asiatische »Gesicht« bedeutet nicht Fremdheit oder Abwehr,
sondern wechselseitig Freundlichkeit und Respekt. Diese »soziale Disziplin«
trainieren kleine malaiische Jungen schon frühzeitig.*

dann nicht ausschließen lassen, wenn beide Seiten von falschen Voraussetzungen ausgehen. Asiaten sind gewillt, über vieles hinwegzusehen und Fehler aller Art zu entschuldigen, wenn sie wissen, daß das Herz des Besuchers am rechten Fleck sitzt. **Die Tatsache, daß jemand guten Willen zeigt, bedeutet ihnen allemal mehr als die äußerliche Übereinstimmung mit den Gebräuchen.**

# Sitten und Gebräuche
## Praktische Tips von A–Z

## Autofahren

• Die einheimischen **Autofahrer** in Malaysia und Singapur achten nur auf den Bug ihres Autos in der Hoffnung, daß das Heck auf sich selber aufpaßt.

• **Busse** beanspruchen oder erzwingen gern die Vorfahrt. Zu den Hauptverkehrszeiten steht ihnen in eigens eingerichteten Busspuren ohnehin das **absolute Vorfahrtsrecht** zu. In **Singapur** gilt dies wochentags von 7.30–9.30 und 16.30–19.00 Uhr; samstags von 7.30–9.30 und 11.30–14.00 Uhr. In **Malaysia**, in Kuala Lumpur, gilt das Vorrecht der Busse in den Busspuren wochentags von 7.15–9.00 und 16.00–18.30 Uhr. An Sonn- und Feiertagen ist Autofahrern weder in Singapur noch in Malaysia das Befahren der Busspuren untersagt. Zu den »verbotenen« Zeiten dagegen dürfen PKW die Busspuren nicht benutzen.

• Ein **ausgestreckter Arm auf der Fahrerseite** (gleich, ob von Vorder- oder Rücksitz aus durch das Fenster gestreckt) muß nicht notwendigerweise bedeuten, daß die Frau am Steuer ihren Nagellack trocknen läßt oder der Fahrer auf die Stelle seines letzten Unfalls weist. Gewöhnlich zeigt dies an, daß der Wagen rechts abbiegt (Linksverkehr!) oder in die rechte Fahrspur wechselt. **Eine – wiederum auf der Fahrerseite – gegen den Uhrzeigersinn schwenkende Hand** signalisiert, daß der Wagen links abbiegen oder in die linke Fahrspur wechseln möchte. Jeder Passagier im Wagen kann dem Fahrer mit Handzeichen assistieren, selbst wenn diese zusätzlichen Zeichen sich als falsch erweisen und die anderen Autofahrer nur verwirren sollten.

• Fahren Sie in **Singapur** an Wochentagen und samstags (Sonn- und Feiertage sind ausgenommen) zwischen 7.30 und 10.15 Uhr nicht in die **eingeschränkten Bezirke** *(Central Business District, CBD)*, es sei denn, vier Personen sitzen in Ihrem Wagen. Achtung: **Geldstrafen!**

• Bei einer **Autopanne** stecken die Einheimischen einen Ast in die Stoßstange oder den hinteren Kotflügel oder öffnen die Kofferraumhaube. Dies gilt als Zeichen, daß der Wagen nicht weiterfahren kann und der Verkehr ihm ausweichen muß. Selbstverständlich sollte der Wagen an den linken Fahrbahnrand geschoben werden, damit er den Verkehrsfluß möglichst wenig behindert.

• Ein **Unfall ist binnen 24 Stunden der Polizei zu melden**, auch wenn kein Personen- oder größerer Sachschaden vorliegt.

• **Autofahrer in Singapur und Malaysia gelten als aggressiv.** (Sie sind als Dr.-Jekyll-Mr.-Hyde-Persönlichkeiten am Steuer bekannt!) Eine defensive

*Dieser Wagen hat nicht etwa an der Dschungel-Rallye Penang–Singapur teilgenommen. Der Zweig ist lediglich Hinweis auf einen technischen Defekt.*

Fahrweise wird nachdrücklich empfohlen. Trotz der »Seid höflich am Steuer«-Aktionen in Singapur und Malaysia und der Strafen für grobe oder rücksichtslose Fahrweise sollten Sie diese Warnung beherzigen.

## Fahrstühle

**Wer sich der Tür am nächsten befindet, betritt oder verläßt den Fahrstuhl als erster**, gleich ob Mann oder Frau. Wenn Sie schon nach kurzer Fahrt aussteigen möchten, steigen Sie am besten zuletzt zu. Im Fahrstuhl ist **Rauchen verboten** (Achtung: hohe Geldstrafen in Singapur).

## Feilschen

Als Tourist sollte man sich vor »**Schleppern**« in acht nehmen. Diese Leute schleichen sich an Sie heran und verheißen Ihnen wortreich, Sie zu einem ganz besonderen Laden zu führen, wo sie einen günstigen Rabatt aushandeln könnten. Sie kommen billiger davon, wenn Sie selbst »schaufensterln« und Preise vergleichen. Die **asiatische Art des Handelns und Kaufens** verwirrt anfänglich viele Europäer. Es bestehen hierfür keine strengen oder festen Regeln, doch gilt im allgemeinen:
• In **großen Einkaufszentren, Kaufhäusern oder Supermärkten** finden Sie **Festpreise** – hier wird nicht gehandelt.
• In den **kleineren Geschäften** bieten die Händler oft einen **Rabatt** an, doch hier ist **Feilschen** zu empfehlen. Ein vorsichtiger Kunde wird die Preise in

25

mehreren Geschäften vergleichen, ehe er einen größeren Kauf tätigt. Die Preise können von einem zum anderen Laden erheblich schwanken, auch wenn diese nicht weiter als einen Häuserblock voneinander entfernt sind.

• Auf dem *pasar malam,* dem **Nachtmarkt,** und ähnlichen **budenartigen Ladenvierteln** (in der Arab Street, Thieves' Market, Change Alley usw. in Singapur oder der Petaling Street, Jalan Chow Kit, Jalan Tuanku Abdul Rahman usw. in Kuala Lumpur) gehört **Handeln** zum Geschäft. Sollte der Fremde hier ohne zu feilschen einkaufen, so wird man ihn unweigerlich für *bodoh* (»dumm«) halten. Die Einheimischen feilschen selbstverständlich, ehe sie eine Ware erstehen; deshalb zahlen sie oft nur 40–50% des ursprünglich verlangten Preises.

### Tips für das Feilschen:

• Sie sollten mit etwa 30–40% des erstgenannten Preises »**einsteigen**«. Der Verkäufer geht dann vielleicht auf etwa 70–80% herunter. Der Kunde sollte dann 50% des Preises bieten und schließlich – falls dies keine Wirkung zeigt – einfach davongehen. Meist wird der Verkäufer ihn zurückrufen und einen niedrigeren Preis aushandeln, der bei etwa 50–60% oder weniger des eingangs verlangten Preises liegt.

• In nur wenigen Gebieten Europas ist das Feilschen noch eine akzeptierte Handelsform. In vielen Teilen Asiens dagegen gehört es zum **erwarteten Käuferverhalten,** und ohne Handeln ginge ein wesentlicher Bestandteil der Verkaufskultur und -struktur verloren. Wer diese Alltagskunst beherrscht, wird beim Kauf durch Vergnügen auf beiden Seiten und einen freundlichen Verkäufer belohnt.

• **Feilschen Sie humorvoll.** Bringen Sie so viele verrückte Gründe für einen niedrigen Preis vor, wie Ihnen gerade einfallen; der **Unterhaltungswert Ihrer Argumente** wird sich in barer Münze auszahlen.

• **Lassen Sie sich vom Verkäufer nicht »unter Druck«** setzen. Viele Geschäftsleute, die ständig mit Touristen zu tun haben, sind geschickte Amateurpsychologen. Nur weil man Ihnen eine Flasche Limonade oder ein kaltes Bier anbietet und Sie animiert, über Ihren Urlaub, Ihre Familie, Ihr Haus usw. zu erzählen, müssen Sie sich keineswegs verpflichtet fühlen, eine Ware zu einem Preis zu erstehen, den Sie für überhöht halten. Treffen Sie auf einen Verkäufer, der Sie fair behandelt hat, so merken Sie sich ihn für künftige Einkäufe. Haben Sie **Preise verglichen,** wird er Ihnen – wenn Sie ihm das preisgünstigste Angebot nennen – womöglich einen niedrigeren Preis offerieren als andere Ladeninhaber.

# Der Freitag

In den folgenden Staaten **Malaysias** ist der Freitag ein **Feiertag:** in Kedah, Perlis, Kelantan, Trengganu. (Der **Sonntag** hingegen ist Feiertag in Perak, Selangor, Negri, Sembilan, Pahang, Penang und Malakka.) Die Verwaltung gibt ihren muslimischen Angestellten am Freitag für den Moscheebesuch

*»Aber dieser Preis bedeutet eine Unglückszahl! Wenn Sie darauf beharren, verfällt meine Familie dem Ruin. Also machen Sie mir doch bitte ein günstigeres Angebot!« Humorvolles Feilschen zählt zum »Erlebniseinkauf« und zahlt sich zudem aus.*

frei. Die meisten **Geschäfte** halten in Kedah, Perlis, Kelantan und Trengganu freitags geschlossen, ebenso die **Vergnügungsstätten** (z.B. Kinos).

## Moskitos und Pflanzen

Singapur und Malaysia bemühen sich, die Krankheiten verbreitenden Moskitos auszurotten. **Leeren Sie deshalb die Untertöpfe oder Auffangschalen unter Ihren Blumentöpfen,** da Moskitos gern in stehendem Wasser brüten. Sie können bestraft werden, wenn Sie diesem Gesetz zuwiderhandeln.

## Offizielle Einladungen, Geschäftsessen, »Dinner Parties«

• **Offizielle Einladungen:** Auf gedruckte Einladungen zu offiziellen Parties müssen Sie **schriftlich antworten,** gleich ob Sie die Einladung annehmen oder absagen. Ehefrauen, Verwandte oder Freunde sollten Sie nicht begleiten, es sei denn, dies ist auf Ihrer Einladung vermerkt.
• **Geschäftsessen und »Dinner Parties«:** Seien Sie konkret und nicht vage, wenn Sie einen Gast zu einem Mittag- oder Abendessen einladen. **Schlagen Sie das genaue Datum, die Zeit und den Ort vor.** Fragen Sie nicht: »Wol-

27

len wir zusammen essen gehen?«, da dies bedeuten würde, daß jeder selbst zahlt. Anmerkung: In Singapur und Malaysia **gehen Männer davon aus, für ihre weibliche Begleitung zu zahlen.** Sie sind völlig verwirrt, wenn eine Frau für einen Herrn bezahlen will.

• Schneiden Sie **geschäftliche Themen** erst dann an, wenn Sie einen Drink oder einen Cocktail gewählt und dem Kellner Ihre Bestellung aufgetragen haben.

• **Ist Ihr Gast männlich,** so teilt er seine Bestellung dem Kellner direkt mit (ausgenommen bei einem chinesischen Essen, bei dem der Gastgeber die Gänge auswählt). **Wenn eine Frau Ihr Gast ist,** trägt sie Ihnen ihre Bestellung auf.

• Über **geschäftliche Angelegenheiten** sollte nicht gesprochen werden, wenn die Ehefrauen anwesend sind.

## Private Einladungen – Tips für Gastgeber und Gäste

Private »Dinner Parties« in Singapur und Malaysia folgen einer Mischung aus östlichen und westlichen Sitten und Umgangsformen. Gesunder Menschenverstand und Stilgefühl sind gewöhnlich ausreichende Voraussetzungen. **Doch sollten Gäste aus dem Westen einige besondere Regeln kennen:**

• Asiatische **Kinder** warten auf die älteren Personen, ehe sie selbst zugreifen. Oft wünschen sie den Älteren persönlich einen guten Appetit und fordern sie zum Essen auf.

• Bei einer »Dinner Party« **sitzen** Gastgeberin und Gastgeber einander gegenüber, dazwischen die Gäste. Oft nimmt die Frau des Gastgebers neben der Frau des Gastes Platz, im Gegensatz zur westlichen Gepflogenheit, einen Mann mit einer Frau (die nicht miteinander verheiratet sind) zu »paaren«.

• In einem asiatischen Haus ziemt es sich nicht, **das Badezimmer aufzusuchen,** ohne die Gastgeberin zuvor höflich um Erlaubnis gefragt zu haben.

• Oft lädt die asiatische Gastgeberin die **weiblichen Gäste** nach dem Essen ein, das Badezimmer zu benutzen. Gewöhnlich begleitet sie diese dorthin und wartet, bis sie ihre Toilette beendet haben.

## Rauchen, Zigarettenkippen und Abfall

• In Singapurs **Kinos, Theatern, Fahrstühlen und öffentlichen Verkehrsmitteln** ist Rauchen nicht gestattet. Es ist ebenfalls in den Kinos der größeren Städte Malaysias verboten (Achtung: hohe Geldstrafe!). Als **Gast in einem Privathaus** sollte man den Gastgeber um die Erlaubnis bitten, rauchen zu dürfen.

• **Werfen Sie keine Kippen, leeren Zigarettenschachteln, Busfahrscheine usw. auf die Straße oder den Bürgersteig.** Abfallbehälter befinden sich in der Nähe von Bushaltestellen und entlang der Straßen. Dies ist nicht eine bloße Frage sozialer Verantwortlichkeit – bedenken Sie die empfindlich hohen Geldstrafen, die auf derartige Müllentsorgungen stehen.

## Restaurants

• In den meisten Restaurants genügt zwanglose **Kleidung**. Manche Hotels und vornehmere Restaurants schreiben Rock oder Krawatte vor. Wenn Sie einen Tisch reservieren, sollten Sie sich am besten gleich nach der Kleidungsetikette erkundigen. Es ist ratsam, einen leichten Schal, eine Stola oder gar einen Pullover mitzunehmen, denn die Kälteschauer der Klimaanlage können Gänsehaut verursachen.
• Um den **Kellner zu rufen**, nehme man mit den Augen Kontakt auf oder benutze die bereits beschriebene »winkende Geste«. Sie sollten nicht zischen, mit den Fingern schnippen oder laut »Kellner«, »Boy«, »Garçon« o.ä. rufen.

## Taxis

• Jedes Taxi in Singapur muß über einen funktionierenden Zähler verfügen. Der Fahrer sollte ihn sogleich bei Fahrtantritt einschalten. In Malaysia finden Sie jedoch auch Taxis ohne **Taxameter**; in solchem Fall sollte der **Fahrpreis** vor Fahrtantritt ausgehandelt werden. Erkundigen Sie sich vorsichtshalber, ehe Sie in ein Taxi steigen, im Hotel, bei einem Passanten oder Freunden nach dem ungefähren Preis für die von Ihnen gewünschte Strecke.
• **Über den ablesbaren oder vereinbarten Fahrpreis wird nicht gefeilscht.**
• Für **Gepäckstücke**, gleich ob in der Kabine oder im Kofferraum mitgeführt, ist ein Aufpreis zu entrichten.
• Bei **mehr als zwei Passagieren** wird ebenfalls ein Aufpreis fällig. Studieren Sie die **Liste der Zuschläge**, die gewöhnlich innen an einer der hinteren Wagentüren befestigt ist.
• Haben Sie in einem Taxi etwas liegenlassen, so rufen Sie in Singapur die Registry of Vehicles (R.O.V.) an und in Malaysia den Registrar and Inspector of Motor Vehicles (R.I.M.V.). Die Fahrer liefern **Fundsachen** verläßlich ab.
• **Fährt ein freies Taxi an Ihnen vorbei und der Fahrer wippt mit der Hand hin und her**, bedeutet dies, daß er entweder gerade zum Schichtwechsel zur Zentrale zurückfährt oder eilig nach Hause, um sein *makan* einzunehmen (zu essen).
• Bei **Ärgernissen mit Taxifahrern** sollten Sie die Taxinummer notieren und den Vorfall in Singapur dem R.O.V., in Malaysia dem R.I.M.V. melden. Die Behörden wachen über korrekte Behandlung der Touristen und nehmen auch Ihre Beschwerden entgegen.

## Toiletten

• In **Hotels** und **größeren Kaufhäusern** finden Sie meist westliche Toiletten. In **kleineren Läden und den Toilettenräumen der Einheimischen** steht wahrscheinlich nur ein »Hockklo« zur Verfügung (mehr darüber später). Zur Benutzung bedarf es keiner besonderen Anleitung, vor allem wenn der natürliche Drang die Richtung weist.

• **Private Toiletten:** Dies ist möglicherweise ein delikates Thema, das Sie hoffentlich nicht in Verlegenheit bringt. Sie werden sich fragen, was der Eimer mit Wasser und die Schöpfkelle im Badezimmer zu suchen haben oder welchem Zweck der besondere Wasserhahn dient. Sie sind vorhanden, weil Badezimmer und Toilette einen Raum bilden und die meisten Einheimischen lieber mit der Kelle Wasser über sich gießen als nach westlicher Manier zu duschen.

• Malaien und Inder reinigen sich nach jedem Stuhlgang. Dazu benutzt man die **linke Hand** mit kurzgeschnittenen Nägeln. Es gilt als unsauber, sich lediglich mit **Toilettenpapier** abzuwischen. Wenn Sie also Einheimische einladen, sollten Sie für den Fall der Fälle das benötigte Wasser und die Schöpfkelle bereitstellen.

• Manche Einheimische wissen mit dem Toilettensitz wenig anzufangen und hocken sich lieber über die vertraute **Hocktoilette** mit Wasserspülung. Einige physiologische Gründe sprechen dafür, daß diese Haltung die natürlichere und gesündere ist. Doch kann es auch zu peinlichen Situationen mit nicht-eingeweihten Einheimischen führen, die sich auf den Brillenrand westlicher Sitztoiletten hocken und so vielleicht gar ihr Ziel verfehlen. Auch mag es manchen einheimischen Männern unbekannt sein, daß sie bei westlichen Toiletten vor dem Wasserlassen die Brille hochheben sollten.

## Trinkgeld

Trinkgeld ist selbstverständlich eine persönliche und Ermessensangelegenheit. **Die Gepflogenheiten sind hier sehr unterschiedlich.** Taxifahrern, Pförtnern, Friseuren u.a. geben die Einheimischen gewöhnlich kein Trinkgeld. Üblich ist allerdings, z.B. anläßlich des **chinesischen Neujahrs**, daß ein *hong bao* (einen roten Umschlag mit Geld) erhält, wer regelmäßig oder gelegentlich einen Dienst oder eine Gefälligkeit (auch gegen Bezahlung) erweist.

• **Allgemein:** Geben Sie dort **kein Trinkgeld**, wo eine Tafel kundtut: »Keine Trinkgelder«. Flughafenangestellte und Angestellte in einem Club erhalten kein Trinkgeld. Auch Beamten, Politessen, Verwaltungsangestellten usw. sollte man nie ein Trinkgeld geben. Sollten Sie es dennoch versuchen, würden Sie die betreffende Person nur in Verlegenheit oder gar in Schwierigkeiten bringen.

30

*Unerlaubtes Überqueren des Fahrdammes kostet empfindliche Strafen.*
*(Hier die Djalan Raja, Kuala Lumpur)*

• **Hotels:** In Hotels geben Touristen gewöhnlich Trinkgelder. Entscheiden Sie selbst, wann Sie dies für angebracht halten. Doch sollten Sie einem Pförtner zum Beispiel nur dann ein Trinkgeld zustecken, wenn er Ihnen ein Taxi ruft oder besondere Dienste erweist. **Zimmerservice und Botendienste erwarten eine kleine Anerkennung.**
• **Restaurants:** Die meisten Restaurants berechnen 10% Bedienung. Sie dürfen nach Belieben aufrunden. Falls keine Bedienung berechnet wurde, sind 10–15% Trinkgeld angemessen. Der Oberkellner erhält kein spezielles Trinkgeld, es sei denn, er hat Ihnen den schönsten Tisch reserviert. Dann sollten Sie allerdings einen Schein zücken und keine Münzen.
• **Taxis:** Touristen geben Taxifahrern oft Trinkgeld, doch das ist überflüssig. Sollte es Ihnen aber ein Herzensanliegen sein, so ist ein kleinerer Betrag angebracht.

## Verkehrswidrige Straßenüberquerung

In Singapur und Malaysia sollten **Fußgänger** sich vor dem verkehrswidrigen Überqueren von Straßen hüten. **Kreuzen Sie eine Straße ausschließlich an den dafür vorgesehenen Stellen:** Fahrbahnüberquerungen, Zebrastreifen (dort, wo es Fußgängerzeichen gibt) und Verkehrsampeln. Verkehrswidriges Überqueren kostet Sie möglicherweise eine »saftige« Geldstrafe. Autofahrer, die Fußgängern an den vorgesehenen Stellen nicht die Vorfahrt gewähren, müssen ebenfalls mit einer Strafe rechnen.

# Alter Zopf auf jungem Kopf?
## Sitten der Chinesen, Malaien und Inder

*Drei Kulturen, dreimal Tradition und Moderne: Harmonie der Widersprüche?*

Die Modernisierung und Industrialisierung Singapurs und Malaysias schreitet schnell voran. Einige der jüngeren oder »moderneren« Leute übernehmen den »westlichen Lebensstil«. Einige verlieren darüber den Kontakt mit ihrer eigenen Kultur und deren Sitten. Diese »verwestlichten« Asiaten betrachten die auf den folgenden Seiten beschriebenen Gebräuche und Umgangsformen womöglich als »veraltet« oder »überholt«; **dennoch sollte der sich in Singapur und Malaysia aufhaltende westliche Reisende sie kennenlernen und verstehen, da sie heute noch zu den alltäglichen Verhaltensmustern der überwiegenden Mehrzahl der Einheimischen gehören**.

Das Verständnis für das kulturelle Verhalten der Asiaten sowie seine Anerkennung können den Schock des kulturellen Zusammenpralls lindern. Dies hilft auch bei der Entwicklung der Fähigkeiten, die eine kulturelle Anpassung des fremden Besuchers ermöglichen: Einfühlungsvermögen in die andere Kultur, Toleranz und Verständnis für Widersprüche bzw. deren Ursprung. Und nicht zuletzt kann die **Einsicht in die kulturellen Unterschiede zwischen Ost und West** dazu beitragen, zwischen beiden Ufern eine **Brücke der Freundschaft und der Zusammenarbeit** zu schlagen.

# Sitten und Gebräuche der Chinesen

## Die Menschen

75% der Bevölkerung Singapurs und 35% der Bevölkerung Malaysias sind Chinesen. Wir wollen uns nicht in tiefsinnigen Abhandlungen über Geschichte, Religion und Kultur der Chinesen in Singapur und Malaysia ergehen. Zu diesen Themen finden sich zahllose verdienstvolle Veröffentlichungen. Um Ihnen zu helfen, einen tieferen Einblick in die chinesische Seele zu gewinnen, wollen wir jedoch von Zeit zu Zeit einige Hintergrundinformationen einfließen lassen.

**In Singapur und Malaysia können Sie hervorragende Fremdenführer finden, die Sie mit auf einen Spaziergang durch Chinatown nehmen.** Sie zeigen Ihnen die Geschäfte mit den Strohhüten, den Holzpantinen und den Statuetten aus Sandelholz, die noch immer handwerklich sauber gearbeitet sind. Sie führen Sie vielleicht in einen schummrig beleuchteten **daoistischen Tempel**, in dem ein spiritistisches Medium gerade in Trance fällt und für Sie auf Papier magische Hieroglyphen zeichnet, die Sie vor Unheil bewahren sollen. Oder sie erzählen wundersame Geschichten darüber, warum chinesische **Katzen** keine Schwänze haben. (Wie das Gerücht meint, können Katzen, denen man den Schwanz abgeschnitten hat, nicht mehr über einen Leichnam springen. Besitzt eine Katze aber noch ihren Schwanz, so springt sie gewiß über einen Leichnam, und der Tote wird in einen umherirrenden Geist verwandelt. Einen solchen Zombie kann man nur daran hindern, anderen Menschen Unglück zuzufügen, indem man ihn mit einem Besenstiel schlägt.)

**Sie können in Malaysia und Singapur zahlreiche stille Entdeckungen machen.** Vielleicht erblicken Sie eine schwarz-weiß gekleidete *amah*, die traditionell als **Haushälterin und Kindermädchen** wirkte. Sie trägt dann sicher eine fleckenlos reine weiße Bluse und eine schwarze Seiden- oder Baumwollhose. Vermutlich baumelt ein langer Pferdeschwanz über ihrem Rücken. Er ist Symbol ihres freiwilligen ledigen Standes. Von europäischen Familien wird eine *amah* ihrer Zuverlässigkeit und ihres unermüdlichen Einsatzes wegen im Haushalt als Hilfe sehr hoch geschätzt.

Vielleicht entdecken Sie an einer Baustelle auch noch eine *Sam-sui*-**Frau**. Diese Frauen arbeiteten traditionell als **Bauhelferinnen**. Ihre Arbeitskleidung bestand aus einem königsblauen *sam-foo*, einem chinesischen Blusenanzug, und einem knallroten, mit Stärke gesteiften Hut. Ihre beeindruckenden Gesichter waren von der täglichen Arbeit in der Sonne braungebrannt und gefurcht. Sie trugen meist ein sehr schönes Schmuckstück aus Jade, z.B.

*Zwei **Amah**-Novizinnen in vergangener Zeit.*
*Die jungen Frauen mit hochgebundenem Haar sehen einem Leben in*
*harter Arbeit, Entsagung von Ehe und Mutterschaft, aber auch emanzipierter*
*Unabhängigkeit und sozialer Wertschätzung entgegen.*

einen Armreif, als Glücksbringer, da sie meinten, daß die Jade eher bräche
als ihre Knochen und somit vor Unglück und Verletzungen schütze. Diese
Frauen galten als sehr zuverlässige Arbeiterinnen. Bauunternehmer stellten
sie vorzugsweise ein, da sie selten »krank feierten« oder unpünktlich zur
Arbeit erschienen.

Die *amah* und *Sam-sui*-Frauen waren **Vorläuferinnen der Frauenbewe-
gung**. Vor langer Zeit sagten sie sich von China los, indem sie sich **gegen die
Heirat auflehnten** und das Gelübde ablegten, ledig bleiben zu wollen. (In
jüngerer Zeit heirateten manche von ihnen. Doch dann mußte der Ehemann
zu Hause bleiben und den Haushalt versorgen.) Im alten China trug die
**arrangierte Ehe** den jungen Frauen meist bedrückende neue Lebensbedingungen ein. Eine Schwiegertochter war das rangniedrigste Mitglied in der
Familie ihres Ehemannes und nahezu rechtlos.

Diese mutigen Frauen rebellierten mit ihrem Kampf für mehr individuelle
Freiheit in einer äußerst konservativen und traditionellen Gesellschaft. Sie
verließen daher ihre Heimat und brachen in fremde Länder auf, um ihre

*Zwei* **amah** *genießen den Ruhestand im idyllischen Garten ihres* gongxi, *wo sie bis zum Tode wohlverdiente Obhut erfahren.*

Lebensbedingungen zu einer Zeit zu verbessern, da das Wort Frauenbefreiung keineswegs in aller Munde war. Sie gründeten eine **Frauengemeinschaft**, um sich gemeinsam zu schützen und zu unterstützen. Ihre Lebensführung läßt sich mit der einer Religionsgemeinschaft vergleichen. Traditionell ernährten sich die meisten von ihnen vegetarisch und verbrachten ihre Freizeit innerhalb ihrer Gemeinschaft und im Gebet. Sie lebten zusammen in sogenannten *gongxi* (darunter versteht man allgemein eine »öffentliche Gesellschaft« oder »Handelsgesellschaft«; in Singapur und Malaysia bezeichnet dieser Begriff aber auch eine Gruppe von Menschen, die miteinander leben und Haushaltsarbeiten sowie -ausgaben teilen).

Viele dieser Frauen unterzogen sich der **Zeremonie »des Haareaufbindens«**, die einer Hochzeitszeremonie ähnelt, aber das Gegenteil bekräftigt: **ewiges Zölibat**. Bei dem zu diesem Anlaß stattfindenden Fest überreichten Freundinnen und Familie der jungen Frau *hong bao* und andere Geschenke. Ihr Haar wurde »hochgebunden«, um symbolisch anzuzeigen, daß sie nun als »so gut wie verheiratet« anzusehen war. Drei Tage später ließ sie ihr Haar wieder als Pferdeschwanz über den Rücken fallen und wurde mit Achtung in die Gesellschaft aufgenommen.

Diese Frauen waren zäh, robust und selbstgenügsam. Ihr *gongxi* bot ihnen ein Heim, wenn sie nicht arbeiteten, und eine Herberge im Alter, wenn sie ihren Beruf aufgaben. Die Frauen pflegten einander bei Krankheit und bestatteten ihre verstorbenen Mitglieder. Sie arbeiteten bis ins hohe Alter, manche sogar bis in die späten 70er oder gar 80er Jahre ihres Lebens. Eine *Sam-sui*-Frau trug einen 50 kg schweren Sack Zement auf den Schultern wie andere ein Baby im Wickeltuch auf dem Rücken. Eine schwarz-weiß gekleidete *amah* war und ist selbst im Ruhestand noch eine heißbegehrte Arbeitskraft. **Junge Mädchen von heute entscheiden sich nicht mehr für ein solches Leben**, und wenn die letzten dieser beherzten Frauen dahingegangen sein werden, wird es für sie keinen gleichwertigen Ersatz geben.

In der **katholischen »Novena«-Kirche** St. Alphonsus in Singapur können Sie Seltsames beobachten: Fromme alte chinesische Buddhisten opfern Blumen und mischen sich unter junge christliche Schüler, die neuzeitliche Hymnen singen. Buddhisten, Daoisten, Konfuzianer und Hindu beten gemeinsam mit Katholiken und anderen Christen. Ihre Verehrung gilt der **Jungfrau Maria**. Menschen jeden Glaubens strömen zu dieser Kirche, um ihre Fürsprache zu erbitten. Die Chinesen betrachten sie als Vertreterin von *Guanyin*, der Göttin der Barmherzigkeit. Die **Redemptoristen**, die diese Kirche verwalten, sind der Ansicht, daß die Macht der Gebete und der vorherrschende ökumenische Geist die Trennung der verschiedenen Glaubensrichtungen überschreiten. Die meisten katholischen Kirchen in Kuala Lumpur halten samstags einen solchen **»Novena«-Gottesdienst** ab. Die Redemptoristen in Ipoh veranstalten ähnliche Gottesdienste.

## Verhaltenstips

### Begrüßen

• **Händeschütteln** zwischen Männern und Frauen ist in der chinesischen Gesellschaft durchaus möglich. (Dies gilt allerdings nicht für Inder und Malaien.) Hierbei ergreift die Frau die Initiative. Sie reicht als erste die Hand. Tut sie es nicht, sollte der Mann ihr den Handschlag keinesfalls aufdrängen.
• **Chinesische Männer** grüßen sich häufig, indem sie sich gegenseitig die Arme tätscheln. Westliche Begrüßungsformen finden unter modernen Chinesen in Singapur und Malaysia durchaus Anwendung.
• **Umarmen oder küssen Sie chinesische Bekannte nie** (auch nicht in der romano-germanischen Bussi-Bussi-Methode), es sei denn, Sie stehen in gleichsam familiärer freundschaftlicher Beziehung zu Ihnen.
• **Chinesische Geschäftsleute** erkundigen sich einleitend oft höflich: »Wie gehen die Geschäfte? Gut?« Die richtige Antwort sollte lauten: »Die Geschäfte gehen leidlich.«
• **Im geselligen Umgang** fragen Chinesen einander stets: »Haben Sie sich auch sattgegessen?« oder »Haben Sie schon gegessen?« Die Antwort sollte lauten: »Ja, danke!« (selbst wenn Ihr Magen erbärmlich knurrt). Diesem Austausch von Grußformeln entsprechen unsere Floskeln: »Wie geht es Ihnen?« – »Danke, gut!«

*Dieser ältere chinesische Herr mit der Leidenschaft für Zierfisvche heißt
Ma En Lai. Die vorangestellte erste Silbe, Ma, ist Familienname des Herrn Ma.*

## Vorstellen

• Die westliche Gepflogenheit, **der »wichtigeren« Person jemanden vorzustellen** (und nicht umgekehrt), gehört auch hier zum guten Ton.
**Eine »wichtigere« Person ist:**
  – die **beruflich höherrangige** gegenüber der niederrangigen: »Herr
Vizepräsident, darf ich Ihnen Mr. Tan vorstellen, meinen Assistenten?«
  – die **ältere** gegenüber der jüngeren Person: »Mr. Wong, darf ich Ihnen
Mr. Müller vorstellen, meinen Neffen?«
  – die **Dame** vor dem Herrn: »Miss Lim, darf ich Ihnen Mr. Wong vorstellen?«

## Namen

• Im Gegensatz zur westlichen Gewohnheit, erst den Vornamen, dann eventuell den zweiten Vornamen und zuletzt den Familiennamen anzugeben,
**nennen die Chinesen ihren Familiennamen an erster Stelle, alsdann den
sogenannten Generationennamen und den Eigennamen zuletzt.**
**Zum Beispiel:** Trägt ein Chinese den Namen *Tan Hock Seng*, so ist *Tan* sein
Familienname. Er wird als Mr. Tan angeredet. *Hock* ist der Generationenname, den gewöhnlich alle Söhne der Familie erhalten, *Seng* der individuelle
Eigenname. Tan Hock Sengs Bruder zum Beispiel könnte Tan Hock Chye
heißen. (In einigen chinesischen Familien ist allerdings der dritte Name den

Söhnen gemeinsam und dann der mittlere Name der individuelle Eigenname, zum Beispiel bei Lim Seng Yew und Lim Beng Yew.)

## Anreden

• **Wenn sich die Beziehung zu einem Chinesen etwas persönlicher gestaltet, sollten Sie ihn fragen, welche Anrede er bevorzugt.** Manche verwenden ausschließlich ihren dritten Namen (in unserem Beispiel *Seng*), andere zögen *Hock Seng* vor. Einige legen sich auch einen westlichen Namen zu, wie etwa Danny. Vielleicht möchte Ihr Gegenüber auch lieber mit seinen Initialen *(H.S.)* angesprochen werden oder mit seinem Spitznamen oder aber einer abgekürzten Form seines Namens. Anmerkung: Viele Chinesen, besonders die Christen unter ihnen und jene, die eine englischsprachige Schule besucht haben, benutzen westliche Namen.
• **Chinesen zeichnen ihre Abstammung über die männliche Linie auf.** Traditionell wurde nur die Verwandtschaft des Vaters als wichtig betrachtet, da eine Frau bei der Einheirat die Zugehörigkeit zu ihrer eigenen Familie aufgab. Heute jedoch unterhalten moderne Chinesen zur Verwandtschaft ihrer Mutter ebenfalls enge Beziehungen.
• **Chinesinnen nehmen bei ihrer Heirat nicht den Namen des Mannes an.** Sie behalten den Familiennamen der väterlichen Linie bei. Der fremde Besucher wird also Tan Hock Sengs Frau mit »Mrs. Tan« ansprechen, ihre Freunde aber werden sie mit »Lee Poh Choo« oder einfach mit »Poh Choo« anreden.

## Im Tempel

• Die rechte Tür ist für den **Eingang**, die linke Tür für den **Ausgang** vorgesehen (genau wie in der chinesischen Oper). Höfliche Besucher sollten sich an diesen Brauch halten.
• Es ist nicht erforderlich, wie etwa in Thailand, die **Schuhe** auszuziehen, doch Männer sollten ihre **Kopfbedeckung** abnehmen.
• **Fotografieren** ist meist gestattet, aber es erweckt einen guten Eindruck, zuvor um Erlaubnis zu bitten.

## Beim Einkauf

• Es bringt Unglück, **frühmorgens um Kredit zu bitten** oder anschreiben zu lassen. Damit sollte man bis mindestens 11.00 Uhr warten. Wer hingegen **frühmorgens seine Schulden bezahlt**, dem bleibt das Glück für den Rest des Tages hold.
• Einheimische Händler halten es für ein schlechtes Omen, wenn der **erste Kunde des Tages** ihren Laden verläßt, ohne einen Kauf getätigt zu haben. Deshalb umwerben sie diesen ersten Kunden, indem sie ihm Rabatt

*Fotografieren im Tempel ist zwar grundsätzlich meist gestattet, aber eine höfliche Anfrage zeugt von Respekt und bewirkt freundliches Entgegenkommen. Mit drei Verbeugungen und glimmenden Räucherstäbchen grüßen diese Gläubigen die Götter und ihre Ahnen. Die Verbeugungen richten sich an Himmel, Erde und Menschheit: das Universum.*

gewähren oder einen besonders günstigen Preis anbieten. Wenn Sie sich nur unverbindlich umsehen wollen, sollten Sie dies also nicht in aller Herrgottsfrühe tun. **Falls Sie überrascht feststellen, daß Sie der erste Kunde sind, sollten Sie zumindest eine Kleinigkeit erstehen.** Andernfalls werfen Sie einen dunklen Schatten über den Geschäftsgang eines ganzen Tages! Bereits der Kauf einer Schachtel Streichhölzer vermag diesen Tag mit Morgenröte zu erhellen.

• **Sollte ein erster Kunde dennoch ohne Kauf den Laden verlassen**, so füllen heute noch manche ältere Chinesen einen Eimer mit Wasser und schütten es auf die Straße, um das Unglück davonzuschwemmen. Danach scheint die Welt wieder in Ordnung und der unglückselige Kunde nie aufgekreuzt zu sein. Das Wasser soll keineswegs den Kunden treffen – falls doch, dann nur als stiller Wunsch.

## Gefälligkeiten erbitten

Wenn Chinesen **eine einflußreiche Person um einen Gefallen bitten**, etwa um ein persönliches oder ein geschäftliches Empfehlungsschreiben, dann begleiten sie diese Bitte meist mit zwei Flaschen Cognac, die mit einem roten Band zusammengebunden sind und mit Früchten garniert werden.

# Einladungskarten

Wenn Sie chinesischen Freunden eine Einladung schicken, benutzen Sie am besten **rotes oder rosa Papier**. Diese Farben verheißen Freude, während Weiß und Blau als traurige Farben gelten und an Bestattungen denken lassen. Weißes Papier können Sie dann wählen, wenn wenn es rot, rosa oder gold beschriftet wird.

# Besuche in einem chinesischen Haus

• Chinesen kennen keine religiösen Vorschriften, die ihnen das **Tragen von Schuhwerk in Innenräumen** untersagen. Allerdings spricht ihr Reinlichkeitsgefühl dagegen, zumal der Straßenschmutz auch die optische Freude an einem wertvollen Stein- oder Holzboden trübt.

**Es empfiehlt sich deshalb, darauf zu achten, ob die Mitglieder der Familie Ihres chinesischen Gastgebers ihre Schuhe ausgezogen haben oder nicht**, und es ihnen dann gleichzutun. Denn auf Ihre höfliche Anfrage, ob Sie die Schuhe ausziehen sollen, wird man ebenso höflich mit »Nein« antworten – und Sie nichtsdestoweniger für ungehobelt halten, wenn Sie Ihre Schuhe nicht ablegen. Man mag zwar protestieren, wenn Sie in Anlehnung an die Sitten des Hauses Ihre Schuhe abstreifen– aber Sie für gut erzogen halten.

• Es kommt gut an, wenn Sie **beim dritten oder vierten Besuch ein Gastgeschenk mitbringen**, Obst, Süßigkeiten oder Kuchen. Wer schon beim ersten Besuch mit einem Geschenk aufwartet, erweckt den Eindruck, sich Freundschaft erkaufen zu wollen. Deshalb lieber **erst die Freundschaft, dann die Geschenke!** Es ist auch ratsam vorzugeben, die Süßigkeiten seien »für die Kinder« gedacht. So vermeidet der Schenkende den Eindruck, er halte den Beschenkten für gierig, und kann dieser das Geschenk ohne Gesichtsverlust annehmen – und sich später selbst das Naschwerk einverleiben.

• **Schenken Sie stets eine gerade Anzahl von Gegenständen**: dies ist ein Zeichen für Freude und Glück. Schenken Sie vier oder acht Apfelsinen, zwei Beutel Süßigkeiten usw. Es mag geschehen, daß der Beschenkte Ihnen einen Teil Ihrer Gaben mit auf den Heimweg gibt. Haben Sie zum Beispiel Apfelsinen mitgebracht, so wird er Ihnen beim Abschied vielleicht zwei davon überreichen. Damit soll ein Teil des Glücks auch Sie begleiten.

• Chinesen empfangen ihre Gäste im **Wohnzimmer**. Anders als bei uns oft üblich, wird man Ihnen **nicht die gesamte Wohnung und sogar das Schlafzimmer zeigen**. Selbst innerhalb der Familie gilt es nicht als die Regel, das Zimmer eines anderen ohne seine Erlaubnis zu betreten. Chinesen finden es sehr erstaunlich und komisch, wenn ihnen westliche Gastgeber ihr Haus vom Boden bis zum Keller vorführen, das stille Örtchen eingeschlossen.

*Im Haus eines solchen chinesischen Tycoon wären Sie als Gast wahrhaft König.*
*(Die Villa in kolonial-chinesischem Stil spiegelt sich im angrenzenden*
*Firmengebäude des reichen Nanyang-Chinesen in Kuala Lumpur.)*

## Logisgast in einem chinesischen Haus

• Am Morgen gibt ein leises Klopfen das Signal zum Frühstück. Ein angenehmer Gast sollte sich »**der Familie anschließen**«. Er sollte sich erst auf den Stuhl setzen, den der Gastgeber für ihn reserviert hat, nachdem die Familienmitglieder Platz genommen haben. (Diese Regel gilt selbstverständlich auch beim Mittag- und beim Abendessen.)

• Eine chinesische Familie wirft keine Speisen weg. **Essensreste** bleiben gewöhnlich auf den Serviertellern liegen. Anderntags kommen sie zusammen mit frischem Gemüse erneut in die Pfanne und werden zum Frühstück oder zum Mittagessen serviert. So entstand das *Chop Suey.*

• **Weibliche Gäste** sollten in einem chinesischen Haushalt nie ihre Unterwäsche in einer Waschschüssel **waschen** und aufhängen. Decken Sie sich besser für die Dauer Ihres Aufenthaltes mit ausreichender Wäsche ein. Wenn Sie in Notfällen dennoch waschen müssen, sollten Sie Ihre Gastgeberin um Rat fragen. Warum? Es wäre eine Beleidigung Ihrer Gastgeber, Ihre Liebestöter oder Reizwäsche dem möglichen Blick des Hausherrn auszusetzen. Nur eine ungezügelte und leichtfertige Frau würde einen chinesischen Mann mit einer solchen Zurschaustellung in Versuchung führen.

• **Gäste sollten sich nie ohne ein Familienmitglied frei im Hause bewegen.** Dieses Verbot geht zurück auf jene Tage, da die Chinesen ihre Schätze in großen irdenen Gefäßen unter den Holzdielen verbargen. Wenn ein Gast im Hause herumspazierte, mußte die Familie unweigerlich vermuten, er wolle durch Tretprobe die losen Holzdielen erkunden, unter denen die Familienjuwelen versteckt waren.

• Chinesen sind sehr gastfreundlich. **Sie würden sich eher die Zunge abbeißen als Ihnen zeigen, daß Sie in ein Fettnäpfchen getreten sind.** Wenn Ihnen ein merkwürdiger Gesichtsausdruck Ihrer Gastgeber auffällt – eine schnelle Augenbewegung und ein leichtes Verdrehen des Halses –, suchen Sie herauszufinden, was Sie womöglich falsch gemacht haben. Vielleicht können Sie ein jüngeres Familienmitglied um Rat fragen.

## Geschenke

• »Aber nein, das hätten Sie nicht … wäre nicht nötig …« usw. **Chinesen nehmen Geschenke abwehrend entgegen.** Dies verlangt die Höflichkeit. Der Schenkende sollte sich dadurch nicht zurückgewiesen fühlen und annehmen, sein Geschenk werde nicht geschätzt. Er sollte schlicht anmerken:»Ich freue mich, daß Sie mein Geschenk annehmen.«

• Chinesen halten es für **unhöflich, ein verpacktes Geschenk vor den Augen des Schenkenden zu öffnen.** Seien Sie deshalb nicht beleidigt, wenn man Ihr Geschenk beiseite legt. Es wird erst geöffnet, wenn Sie gegangen sind.

• Ein **Dankeschön-Geldschein und Lebensmittel sind als Geschenke bei Chinesen stets willkommen.** Einige sinnvolle Geschenke sind daher:
  – ein **Freßkorb** (ein großer Tragekorb mit Delikatessen, den die meisten Supermärkte vorrätig halten)
  – feine **Kuchen** in wiederverwendbaren Dosen
  – eine hübsche **Schachtel mit Schokolade** und eine **Dose mit Keksen.**
Nicht vergessen: Geschenke sollten immer in Paaren, also **gerader Stückzahl** übergeben werden.

• **Einige Gegenstände wecken negative Assoziationen oder können als böses Omen verstanden werden.** Deshalb sollten Sie die folgenden Dinge besser nicht als Geschenk wählen:
  – **Strohsandalen**: Sie werden bei Beerdigungen getragen. Ein Chinese müßte den Ahnen viele Opfer darbringen mit der Bitte, vom Unglück verschont zu bleiben, wenn er ein solches Geschenk erhielte.
  – Ein **Storch** (abgebildet auf Duschshampoos für Babies oder in einem Blumengesteck): Während bei uns der Storch als glückverheißendes Symbol und Überbringer von Babies gilt, ist in der Hokkien-Kultur der dem Storch zum Verwechseln ähnlich sehende Reiher **Sinnbild für den Tod einer Frau.** Am Sarg angebracht, weist es darauf hin, daß er die Leiche einer Frau birgt. Deshalb wäre es ein unglücksvolles Mißgeschick, einer jungen chinesischen Mutter mit einem Blumenarrangement mit einem Storch in einem Nest zu »gratulieren«. Hier träfen zwei böse Omen zusammen: die

*Bei diesem Meister der glückverheißenden Kalligraphie könnten Sie als Gastge-schenke auch Tuschmalereien mit dem klassischen Pferdemotiv erstehen.*

Blumen, die man nur Kranken schenkt (und junge Mütter gelten bei Chinesen keineswegs als krank), sowie der Storch, der dem Symbol für den Tod einer Frau ähnelt. Und diese doppelte Unglücksverheißung würde selbst moderne junge Mütter nicht kalt lassen.

– **Uhren:** Das kantonesische Wort für »Uhr« kann auch »zu einer Beerdigung gehen« bedeuten. Deshalb gilt ein Uhrengeschenk als böses Omen.

– **Weiße, blaue oder schwarze Geschenke:** Diese Farben erinnern an Tod und Bestattung. Rot, Rosa und Gelb hingegen drücken Freude aus. Viele junge Leute in Asien achten womöglich nicht mehr auf die Farbe ihres Geschenkes. Wollen Sie jedoch sichergehen, wählen Sie die Glücksfarben.

– **Scharfe Gegenstände, Messer, Scheren:** Solche Gegenstände symbolisieren das Zerbrechen einer Freundschaft.

– **Blumen:** Da die Chinesen gerne essen und Blumen sich nur in gereifter Form als Früchte essen lassen, schenken Chinesen nur selten Blumen. Blumen kann man **Kranken** ins Hospital schicken. Und auch als Zeichen der Anteilnahme bei einer **Beerdigung.**
**Ein junger Mann sollte einer Angebeteten niemals Blumen mitbringen** oder schicken: das hieße, sie so zu behandeln, als wäre sie krank. Während wir einer Gastgeberin zu einer oder nach einer Einladung gern Blumen mitzubringen bzw. schicken, sollten Sie in Singapur und Malaysia statt dessen einen Obstkorb oder eine Bonbonniere wählen. Die französische und deutsche Sitte, eine **ungerade Stückzahl an Blumen,** z.B. fünf Rosen, zu schenken, bedeutet, gleich mit beiden Füßen in den Fettnapf zu treten. (Böse Omen: Blumen und ungerade Anzahl.)

– **Taschentücher:** Für Chinesen versinnbildlichen Taschentücher Trauer oder Abschiedsschmerz (auch beim Ende einer Freundschaft). Taschentücher werden oft bei Beerdigungen an die Trauernden verteilt.

• Für die Chinesen ist das Glück »als Zwilling geboren«. Deshalb sollten **alle Geschenke paarweise bzw. in gerader Stückzahl überreicht** werden. Einzelgegenstände sowie ungerade Zahlen sind Zeichen der Trennung, der Einsamkeit und des Todes.

## Essen und Trinken

Essen und Trinken sind **die beliebtesten Freizeitvergnügungen der Chinesen.** Speisen ist eine bis zur Perfektion verfeinerte Kunst. Essen, so ihre Überzeugung, ist nicht nur gesund für den Körper, sondern auch gut für den Geist.
Vermutlich deshalb fiele es keinem anständigen Chinesen jemals ein, einen Freund zur Essenszeit aufzusuchen, ohne etwas zum Essen mitzubringen, oder ihn zu begrüßen, ohne sich zu erkundigen, ob er bereits gegessen habe. Und aus diesem Grund deutet ein Chinese diskret an, noch nicht gegessen zu haben, wenn er ein Treffen beenden will. Die Chinesen haben offenkundig eine anderen Kulturen verborgene Methode entdeckt, wie sich jedes eßbare

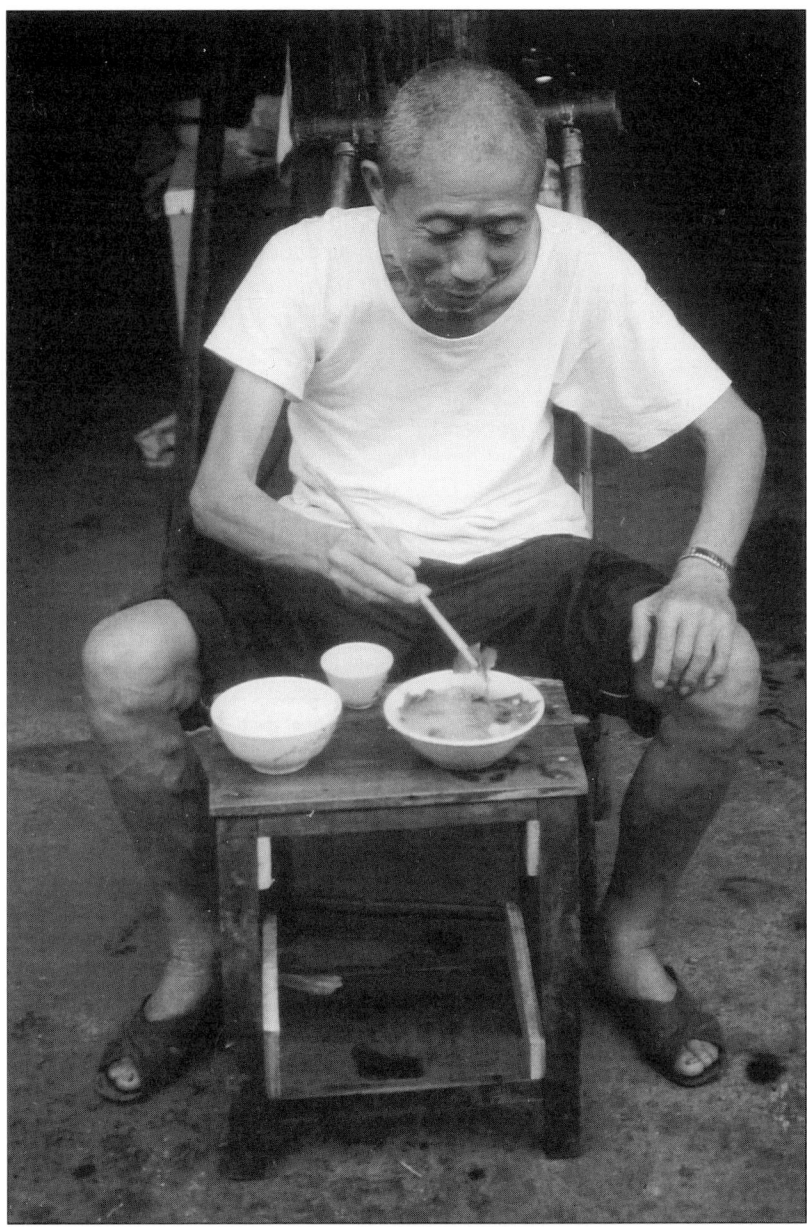

*Essen ist bei den Chinesen Leidenschaft und verfeinerte Kunst zugleich – selbst wenn es auf einem Hocker und auf der Straße stattfindet.*

Erzeugnis der Natur genießbar machen und schmackhaft zubereiten läßt. Einem chinesischen Sprichwort ist alles eßbar, was sich auf Beinen und mit dem Rücken zum Himmel fortbewegt. **Die Chinesen essen, um eine Krankheit zu heilen, um einen – nein: jeglichen! – Anlaß zu feiern und um ihre Freunde zu ehren.** Sie unterhalten sich auch mit Hingabe über das Essen.

Hier noch einige Vorbemerkungen zum chinesischen Essen:

• **Je festlicher der Anlaß, desto mehr Gänge werden aufgefahren.** Ein Drei-Gänge-Menü nach westlicher Sitte verstünde man eher als Hinweis darauf, daß der Anlaß nicht allzu wichtig ist. Da die meisten Chinesen die westliche Gewohnheit eines Drei-Gänge-Menüs kennen, fühlen sie sich nur dann gekränkt, wenn sie zu einem **chinesischen** Essen mit nur drei Gängen eingeladen werden.

• Anders als bei uns **sind bei Chinesen die roten oder dunklen Teile des Huhns begehrter als die weißen Fleischstücke.** Serviert man Huhn, so ist es besonders höflich, die dunkleren Fleischstücke (insbesondere die Flügel und Schenkel) den chinesischen Gästen anzubieten. Einem netten alten chinesischen Herrn wurde einmal bei einem westlichen Gesellschaftsessen Hühnerbrust auf den Teller gelegt. Erst als wir uns über die Eßgewohnheiten unterhielten, begriff er, daß man so aufmerksam gewesen war, ihm **nicht** die dunklen Teile zu servieren.

• Viele Chinesen behaupten, **Hammelfleisch** »rieche zu streng« und sei »zu hitzig«. »Hitzig« ist ein schwer zu erklärender Begriff, denn selbst die Auffassungen der Chinesen weichen hierbei voneinander ab. Einige meinen, daß **»hitzige« Speisen** den Körper zu sehr erhitzen, zu stark belasten und zu Völlegefühl führen. Manches Unwohlsein, so Sodbrennen, wird auf zu viele »hitzige« Speisen zurückgeführt. Schokolade und die meisten Fleischsorten sind Beispiele für zu »hitzige« Speisen. Sie können zu Erkrankungen, besonders Erkältungen, führen oder diese verschlimmern und sind besonders an kalten Tagen zu meiden. Tee, Joghurt und Wassermelone etwa gelten als »kühle« Speisen. Auch **»kühle« Nahrungsmittel** können Erkältungen und Husten verschlimmern, deshalb sollten sie ebenfalls nicht an kühlen Tagen verzehrt werden. In diesem Punkt gleicht fast jeder Chinese einem wandelnden Diätlexikon und ist meist gerne bereit, einzelne Nahrungsmittel auf Anfrage als »hitzig« oder »kühl« zu klassifizieren.

• Viele Chinesen mögen keine **Milchprodukte.** Diese waren nie Bestandteil der traditionellen chinesischen Küche. Nicht wenige vertragen Milchprodukte nur schlecht. Auch wird auf diese ein – für westliche Ausländer typischer … – unangenehmer Körpergeruch zurückgeführt.

• Chinesen essen **Fische, Garnelen und andere Meeresfrüchte** am liebsten »mit Haut und Haaren«, also samt Köpfen, Schwänzen und Haut. Gerade diese Teile werten sie häufig als Delikatesse.

• Bei einem Gesellschaftsessen **trinken** die **Männer** Cognac und Bier am liebsten **zum** Essen, nicht danach. Einen guten chinesischen Wein schätzen

**Beim Huoguo-*Essen ist der Weg schon Ziel!***
*In den gasbeheizten, in den Tisch versenkten Fonduetöpfen werden die*
*mundgerecht vorbereiteten Häppchen (Fisch, Fleisch, Doufu, Gemüse) gegart.*
*Im Restaurant dienen Zahl und Länge der »abgenagten« Stäbchen zur*
*Erstellung der Rechnung.*

sie ebenfalls, sind aber mit Weinen aus dem Westen nicht vertraut. Oft spritzen sie den Cognac auch mit Limonade, Ginger-Ale o.ä.
• Seien Sie nicht überrascht, wenn manche Einheimische **Obst salzen** und **Eiswürfel in das Bierglas** fügen.
• Chinesischer **Tee** ist das übliche Begleitgetränk zu einem chinesischen Essen. Er wird **ohne Milch, Zucker oder Zitrone** serviert.
Wurde Tee ausgeschenkt, so gilt es als **handfeste Grobheit, die Teeschale nicht anzurühren.** Wenigstens zwei Schlückchen sollten Sie nippen. Auch sollten Sie ihn **langsam** genießen. Der Gastgeber wird sich glücklich schätzen, wenn Sie seinen Tee loben und ihn um ein weiteres Schälchen bitten. Früher wurden **Geschäftsverhandlungen** nie ohne die Teekanne auf einem

Seitentischchen geführt. Als Zeichen, daß er die Verhandlungen als abgeschlossen betrachtete, sprach der Gastgeber: »So, jetzt wollen wir Tee trinken.« Diese Einladung gab das Signal zum Aufbruch. Nach dem Tee verabschiedete man sich. Heute pflegt nur noch die ältere Generation diese Sitte.
Chinesen behaupten das »Geheimnis« entdeckt zu haben, das sie in die Lage versetzt, erhebliche Alkoholmengen zu genießen, ohne merklich betrunken zu werden: Vor den Feierlichkeiten trinken sie ein Glas Tee oder zwei. Sie sind davon überzeugt, daß **Tee zu einem besseren Abbau des Alkohols verhilft**. Chinesischer Tee soll zudem der Verdauung förderlich sein, wenn er während des Essens getrunken wird. Und es geht sogar das Gerücht um, daß chinesischer Tee – zu den Mahlzeiten genossen – ein Schlankmacher sei.
• Eine alte chinesische Auffassung untermauert eine vernünftige moderne Meinung: **Eiskalte Getränke** tun dem Magen ganz und gar nicht gut. Viele lehnen eiskalte Getränke daher ab und mögen sie auch nicht. So drückt man Ihnen womöglich, wenn Sie um ein Glas Wasser bitten, zur Erfrischung ein Glas heißes oder warmes Wasser in die Hand – selbst während der brütenden Mittagshitze.

## Tischsitten

• Jeder Gast findet an seinem Platz ein Paar Eßstäbchen, ein Reisschälchen, ein Suppenschälchen, einen kleinen Teller für das Hauptgericht, einen Teller für Knochen und ähnliche Abfälle, ein tiefes Tellerchen für Sojasauce (eventuell ergänzt durch ein zweites Tellerchen mit eingelegten grünen Peperoni), ein Teeglas oder eine Teeschale und einen Löffel aus Porzellan.
• Da chinesische **Eßtische rund** sind, kann jeder Gast nahezu gleich gut mit jedem anderen Gast sprechen und Augenkontakt aufnehmen.
• Im Gegensatz zur westlichen Tischordnung ist **der Sitzplatz zur Linken des Gastgebers ehrenvoller als der Sitzplatz zu seiner Rechten**. Ein weiblicher Gast wird daher zur Linken des Gastgebers sitzen und ein Mann zur Rechten. Ein einzelner männlicher oder weiblicher Ehrengast sitzt zur Linken. Er nimmt **mit dem Gesicht zum Eingang** Platz, dem jüngere Gäste ihren Rücken zuwenden. Der Grund liegt auf der Hand: In der »guten alten Zeit« sollte der Gast den Eingang überblicken können, damit sich kein Feind hereinstehlen konnte. Der Gastgeber saß neben ihm, um ihn im Gefahrenfalle beschützen zu können.
• Der Gastgeber setzt sich als letzter an die Tafel. Die Höflichkeit verlangt, daß **er sich für das bescheidene Anrichten und das minderwertige Essen entschuldigt**, selbst wenn er keine Kosten und Mühen gescheut hat, die besten Tauben des Schlaraffenlandes aufzutischen.
• Der Gastgeber hat vermutlich Stunden, gar Tage damit zugebracht, das Menü mit dem Küchenchef zu besprechen. Denn es ist eine **hohe Kunst, die Speisefolge zu komponieren**. Stark gewürzte Gerichte sollen mit milden,

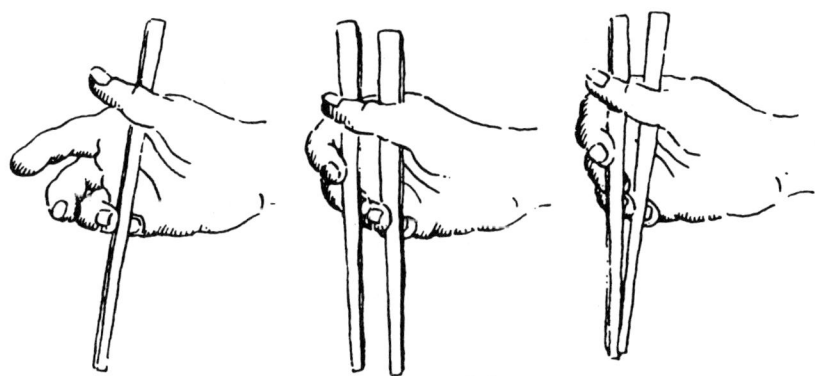

*So ißt man mit Stäbchen:*
*Ringfinger und untere Daumenhälfte verklemmen ein Stäbchen (stabiler Teil),*
*während Daumen- und Mittelfingerkuppe das labile Stäbchen bewegen.*

delikate mit kräftigeren Aromen harmonieren, zarte Speisen sollen durch
knackige ergänzt werden. Der aufmerksame Gast bricht bei jedem neu auf-
getischten Gericht in Erstaunen und Bewunderung aus. Es ist guter Stil, die
feinen Geschmacksnuancen und delikaten Düfte eines jeden Meisterwerks
zu loben.
• Vor dem Essen fordert der Gastgeber zum Zeichen der Begrüßung seine
Gäste auf, mit ihm **anzustoßen**. Dies gibt allen das Signal, daß nun Spaß und
Unterhaltung beginnen. Daher sollten Sie auch als Antialkoholiker zumindest am Glas nippen, um sich nicht als Spielverderber auszuweisen.
• **Trinken Sie erst, wenn der Gastgeber seine Tischrede beendet hat.** Er
hebt dann sein Glas mit der Aufforderung *qing* (»bitte«). Daraufhin erheben
die Gäste mit beiden Händen ihr Glas, indem die linke Hand das Glas
umfaßt, während die Finger der rechten Hand unter diesem ruhen.
»Spicken« Sie bei den anderen, und machen Sie es ihnen nach.
• Wenn der Gastgeber alle Gäste zum gemeinsamen Trinken auffordert,
weiß er es zu schätzen, wenn Sie in den Chor des *yam sen* bzw. *gan bei* (ex
und hopp) einstimmen. Manchmal wiederholt sich dieses Ritual nach jedem
Gericht. Die Chinesen amüsieren sich bei Mahlzeiten gerne mit **Spielen, die
zum Trinken animieren**. Verlierer sollten sich darauf gefaßt machen, daß
sie am meisten trinken müssen.
• Nach diesem ersten Toast ergreift der Gastgeber seine Eßstäbchen und hält
sie in die Höhe, indem er die Aufforderung *qing* wiederholt. Das ist **Zeichen
für den Ehrengast, mit dem Essen zu beginnen**. Hat dieser sich bedient,
langen auch die anderen zu. Der Gastgeber greift als letzter zu. Die Regel
lautet: »Jeder kommt an die Reihe«, doch sie gilt nur dann, sofern nicht
Heißhunger oder Appetit sie durch Ausnahme bestätigen.
• Die Gerichte werden jeweils auf **einem** großen Servierteller angerichtet
und auf die »Faule Susanne« gestellt, ein ausladendes rundes **Drehtablett**.

Bewegen Sie es vorsichtig und langsam, damit kein Servierteller auf dem Schoß Ihrer Tischnachbarn landet. Und drehen Sie es dann, wenn sich gerade kein anderer bedient. Lassen Sie Ihren Teller auf dem Tisch stehen, während Sie sich vom Tablett bedienen. Nehmen Sie ihn also nicht in die Hand.

• Mit jedem neuen Gericht wird ein **Servierlöffel** aufgetragen. Die Gäste sollten sich damit von den Speisen nehmen. Fehlt dieser Löffel einmal, so bedient man sich seiner Eßstäbchen.

• Der Gastgeber benutzt manchmal wertvolle Eßstäbchen aus Elfenbein oder Silber, um dem Ehrengast Speisen vorzulegen. **Legt der Gastgeber Ihnen ein Häppchen auf Ihren Teller oder in Ihre Schale, so sollten Sie dies als Auszeichnung betrachten.** Sie können ihn nachahmen und als Zeichen besonderer Höflichkeit Ihre Tischnachbarn bedienen.

• Während eines chinesischen Festmahls können gut und gerne zwölf Gerichte aufgetischt werden. **Halten Sie sich also zu Beginn zurück,** um nicht vor den letzten leckeren Gängen den römischen Pfauenfederntrick anwenden zu müssen. Ein Festmahl gleicht eher einem Buffet: Jeder Gast nimmt ein Häppchen von diesem und jenem Gericht. Um den **Ihnen »zustehenden« Anteil** zu bemessen, sollten Sie aufgetragene Portionen und Menge insgeheim durch die Anzahl der Anwesenden teilen.

• Greifen Sie vom Servierteller stets die Ihnen nächstliegenden Happen. Auch sollten Sie nie den letzten Rest vom Servierteller nehmen. Es gilt vielmehr als höflich, **einen Rest zurückzulassen,** um nicht den Eindruck zu erwecken, es sei nicht genügend aufgetischt worden. Selbstverständlich müssen Sie sich nicht von Gerichten bedienen, die Ihnen nicht zusagen – doch was Sie sich auf den Teller gelegt haben, das sollten Sie »ratzeputz« aufessen.

• **Reis** ißt man aus den kleinen Reisschalen und fügt nach Belieben Sauce oder Gewürze hinzu.

• Wenn Sie Ihre **Suppe** essen bzw., wie die Chinesen sagen, Ihre Suppe »trinken«, so nehmen Sie die festen Zutaten mit den **Eßstäbchen** und die Flüssigkeit mit dem Suppenlöffel zu sich.

• Auch gefüllte **Hefeteigbällchen** greift man mit den Eßstäbchen. Die Kunst besteht darin, diese beachtlich großen Kugeln mit den Stäbchen an einer Seite festzuklemmen. Alsdann beißen Sie zunächst kleinere, dann größere Happen ab.

• **Knochen** oder **Schalenteile** legen Sie am besten mit den Stäbchen vom Mund auf den Abfallteller. Hühnerschenkel oder -flügel dürfen mit den Fingern gehalten werden. Häufig ist eine Schale für **Tischabfälle** serviert. Andernfalls lagern Sie Ihren Essensabfall auf Ihrem Geschirr. Der Ober räumt den Teller ab, bevor der nächste Gang serviert wird.

• Der Gastgeber wird Sie auffordern, sich erneut zu bedienen. Es ist üblich, zunächst **höflich abzulehnen,** um nicht gierig zu erscheinen. Keine Sorge, er wird nicht lockerlassen, so daß Sie dann getrost Nachschlag nehmen kön-

*Die chinesische Küche war schon immer und im besten Sinne*
*Fastfood-Küche – schnell und schonend in der Zubereitung.*
**Wird auch sie nun von Junkfood bedrängt?**

nen. Sind Sie allerdings tatsächlich satt, so sollten Sie aus Höflichkeit noch ein oder zwei kleine Bissen zu sich nehmen.

• **Zum Abschluß** und Zeichen, daß man sich gesättigt fühlt, legt man die Eßstäbchen ordentlich neben den Teller.

• Chinesischer **Tee** wird während der Mahlzeit in gewöhnlichen Trinkgläsern serviert. Außerdem werden alkoholfreie **Softdrinks** angeboten, eventuell auch **Bier, Schnaps** oder **chinesischer Wein**.

## Bedeutung und Hintersinn einiger Tischgewohnheiten

• Man legt die **Eßstäbchen nie auf dem Teller oder der Reisschale** ab und auch nie **kreuzweise** übereinander, wenn man sie nicht mehr benutzen möchte. Vielmehr liegen sie auf einem Bänkchen, dem Sojasaucen-Schälchen oder dem Knochenteller. Dabei ruht die Griffseite der Stäbchen auf dem Tisch, die Mundseite auf dem Bänkchen oder Saucenschälchen. Es würde **Ihren Gastgeber in Verlegenheit bringen**, wenn Sie nach dem Essen die Stäbchen quer über Teller oder Reisschale ablegten – und damit andeuteten, daß Sie noch immer hungrig sind und er seinen Pflichten als Gastgeber nicht nachgekommen ist.

• Stecken Sie ein **Eßstäbchen nie senkrecht in Ihre Reisschale**, auch nicht, um so etwas aufzuspießen. Dies wäre ein **böses Omen**, da bei einer chinesischen Beerdigung ein einzelnes Eßstäbchen den Abschied vom Verstorbenen versinnbildlicht. Das einzelne Eßstäbchen ist ein Zeichen des Himmels. Es gleicht dem Weihrauchstäbchen, das für den Verstorbenen entzündet wird.

• **Mit den Eßstäbchen in der Luft herumfuchteln oder gar auf Personen zeigen** gilt als äußerst unhöflich.

• Hingegen darf man **Suppen durchaus genußvoll schlürfen**. Und befreiendes Rülpsen tut kund, daß es geschmeckt hat. Doch niemand erwartet von Ihnen, daß Sie in den Chor einstimmen, nur um zu beweisen, wie höflich Sie sein können.

• Befinden sich unter den Gästen Seeleute, Fischer oder schlichtweg Segelbegeisterte, so sollte auf keinen Fall auf dem Servierteller ein **Fisch** übrigbleiben, von dem nur an einer Seite geknabbert wurde. Dies würde Kentern auf der nächsten Bootsfahrt herbeibeschwören. Deshalb entfernt man die Mittelgräten und verzehrt den Fisch vom Kopf bis zum Schwanz.

• Um das Glück herbeizurufen, laden Chinesen stets eine **gerade Anzahl von Gästen** ein: sechs, acht, zehn oder zwölf.

## Tischgesellschaften

• Traditionell halten Chinesen **Tischreden** vor und nicht nach dem Essen. Währenddessen sollte man seine Unterhaltung unterbrechen und seinen Platz nicht vergessen. Danach applaudiert man dem Redner und beglückwünscht ihn.

• Bei größeren Essenseinladungen finden sämtliche Unterhaltungen und eventuellen Förmlichkeiten **während des Essens** statt. Nach Servieren des Tees und dem Ende des Mahls verweilen die Gäste nicht länger, um sitzend oder stehend weiterzuplaudern, sondern **nehmen unverzüglich Abschied**.

• Bei privaten Einladungen reichen Chinesen meist keinen **Apéritif**, um das Warten auf das Essen zu verkürzen. Statt dessen wird **Tee** serviert, und während man auf die anderen Gäste wartet, vertreibt man sich die Zeit mit Spielen wie *majiang,* dem chinesischen Schach.

• Gäste erscheinen zu einer Essenseinladung meist »**pünktlich**«, d.h. eine halbe bis zu einer vollen Stunde später. Auf diese Art weisen sie sich nicht als gierig aus – und zugleich dezent auf die eigene Bedeutung hin. Möglicherweise wird diese Sitte in **Singapur** aussterben, da man dort mit Feldzügen gegen die »Unpünktlichkeit« die ständigen Verspätungen der Einwohner zu bekämpfen versucht. Das Vorurteil, nach dem pünktliche Tischgäste als gierig gelten, dürfte sich allerdings nur schwer ausrotten lassen. (Die Geschäftsführer von Restaurants hingegen schätzen Pünktlichkeit selbstverständlich sehr. Schließlich möchten sie Tischreservierungen nicht allzu lange aufrechterhalten.)

• Verzichten Sie darauf, in Ihrem **weißen, schwarzen oder marineblauen Anzug** zu erscheinen. Diese Farben sind traditionell Trauerfeierlichkeiten vorbehalten.

## Essen im Restaurant

- Der Einladende bestellt gewöhnlich **so viele verschiedene Gerichte wie Gäste anwesend sind** (bzw. einige mehr, um die Menge nicht zu knapp zu bemessen). Sind nur wenige Gäste geladen, so sind zusätzlich mindestens zwei Gerichte angebracht.
- Gewöhnlich bestellt man zumindest **je ein Geflügel-, Fisch- und Fleischgericht.**
- Die **Suppe** kann jederzeit während des Essens serviert werden: zu Beginn, zwischendurch und traditionell auch zum Schluß.
- **Salate** besitzen in der chinesischen Küche keine Tradition. Doch dafür bietet jedes chinesische Restaurant köstliche, bißfest und doch zart zubereitete **Gemüse.**
- Gegen Ende einer Mahlzeit wird ein **Reis- oder Nudelgericht** aufgetischt, um sicherzustellen, daß die Gäste rundum satt werden.
- Süßigkeiten werden selten zum **Nachtisch** serviert. Üblicher sind **Früchte** oder ein gallertartiges Dessert.

**Ein abschließender Rat für alle Eßlustige:** Die vielen, zum Teil ungewohnten chinesischen Eß- und Tischsitten sollten Ihnen keine Kopfschmerzen bereiten. Bei einem chinesischen Festmahl geht es meist weitaus unterhaltsamer, entspannter und vergnüglicher zu, als es bei uns üblich ist. Der Gastgeber bemüht sich nach Kräften, daß es allen Gästen mundet und gefällt. Und nachdem Sie die Kochkünste Singapurs und Malaysias kennengelernt haben, werden Sie Ihre heimische Küche vermutlich mit anderen Augen betrachten.

## Rendezvous und Brautwerbung

Es ist noch gar nicht so lange her, vielleicht eine Generation, da waren unter den Chinesen in Asien Verabredungen zum Stelldichein aus traditionellen Gründen kaum vorstellbar. **In der Vergangenheit** arrangierten Eltern und **Heiratsvermittler** die Ehe, und man begab sich zum Horoskopsteller und Wahrsager, um sich vorhersagen zu lassen, ob die Verbindung glücklich würde. Daneben bestand die **Vielweiberei**, und es war nicht ungewöhnlich, daß Ehemänner sich **Mätressen** hielten. Die Anzahl seiner Frauen ließ den Wohlstand und das Prestige eines Mannes erkennen.

All dies wälzten Veränderungen um. Die Massenmedien, so Fernsehen, Filme, Romane und Zeitschriften, haben die **jungen Chinesen** über westliche Sitten und Gebräuche informiert und sie beeinflußt. **Heute** möchten sie bei der **Wahl ihrer Ehepartner** ein entscheidendes Wort mitreden. Vielweiberei ist inzwischen gesetzlich verboten, und junge Chinesen meinen, daß Liebe und Zuneigung eine wichtige Rolle in der Partnerbeziehung spielen. Die **monogame Ehe** – ein einziger »lebenslänglicher« Partner, den man liebt (oder zu lieben meint) – gilt nunmehr als Ideal. (Muslime dürfen nach wie vor mehr als eine Frau heiraten.)

Wenn heute Probleme bei der **Partnerwahl** bestehen, dann zumeist in der Art und Weise der Suche nach dieser/diesem »Seelenfreund/in«. **Lockere Kontaktaufnahmen** mit Personen des anderen Geschlechts werden noch oft genug scheel beäugt.

Während bei uns junge Leute häufig geradezu ermuntert werden, Erfahrungen zu sammeln, ehe sie sich für einen bestimmten Ehepartner entscheiden, steht dies im Gengensatz zu den **Werten der chinesischen Tradition.** Eltern wären besorgt, wenn ihr Sohn der westlichen Sitte folgte, da er dann als »freizügig« und **unzuverlässiger Ehepartner** angesehen werden könnte.

Trifft sich dagegen der Sohn mit nur einem Mädchen, so wird gemeinhin meist angenommen, daß dieser Kontakt in eine Ehe mündet. Der Sohn sitzt also in einer **Falle zwischen dem Alten und dem Neuen** nahezu hoffnungslos gefangen.

Der **Respekt des Sohnes vor seinen Eltern** entspringt einer alten chinesischen Tradition. Diese Achtung beeinflußt auch heute noch häufig das Verhalten bei der **Brautwerbung.** Nur wenige stellen sich offen gegen die Wünsche der Eltern. Nur selten heiratet ein junges Paar ohne die Zustimmung der Eltern, eine in unseren Augen konservative Einstellung. Dieser **Zwiespalt** belastet nicht selten die Entscheidung junger Chinesen, mit wem, wann und wohin sie ausgehen. Ebenso schwer wiegen die an ein solches Treffen geknüpften Erwartungen.

Oft wird ein »**Kompromiß**« ausgehandelt, der wie folgt aussieht: Der junge Mann trifft sich zu einem von einem Freund, Verwandten oder Heiratsvermittler **arrangierten Rendezvous** im Hause des Mädchens, in einem Coffee-Shop oder Vergnügungspark. Verwandte der beiden werden als »**Anstandsdamen**« hinzugeladen. Das Mädchen kann nach dieser Gelegenheit dem jungen Mann einen Korb geben, und umgekehrt; doch wenn alles gutgeht, wird der junge Mann eingeladen, das Mädchen zu Hause zu besuchen. Nach einiger Zeit dürfen sie ins Kino gehen und anderes gemeinsam unternehmen.

Wenn die Freundschaft zwischen beiden wächst, taucht der **Heiratsvermittler**/Freund/Verwandte auf und arrangiert eine **Verlobung.** Ist dies nicht der Fall, so wird eine Verlobung nicht erzwungen.

Selbstverständlich finden sich unzählige Variationen dieses Verhaltens. Einige der **liberaleren jungen Leute**, z.B. Universitätsstudenten, befolgen diese Bräuche nicht. Sie suchen sich den Partner, mit dem sie sich treffen möchten, inzwischen selber aus; ihre Eltern gestehen ihnen meist größere Freiheiten zu.

Treffen sich jedoch ein Chinese und eine Chinesin zum Stelldichein, so gilt in der Regel die Ehe als natürliche Folgeerscheinung, denn **Keuschheit** ist nach wie vor eine hochgeschätzte Tugend.

*Werden auch sie später noch ihre Partner nach den Vorstellungen
(oder zumindest nur mit der Billigung) ihrer Eltern aussuchen?*

# Flirt

- **Mädchen** gehen meist erst **ab dem Alter von 17 oder 18 Jahren** mit einem Jungen aus; die **Jungen** sind einige Jahre älter.
- Haben sie sich zu einem **Kinobesuch o.ä.** verabredet, so unterhalten sie sich danach oft noch bei einer gemeinsamen Mahlzeit in einer Garküche.
- Der Junge begleitet das Mädchen zur **von den Eltern festgesetzten Uhrzeit** nach Hause.
- **Küssen** gilt beim ersten, zweiten oder gar dritten Treffen als unschicklich. Dahin kommt es meist erst nach mehreren Monaten.
- Mädchen zahlen nie für die Jungen. Getrenntes Zahlen ist ebenfalls selten; der **männliche Part zückt also das Portemonnaie.**
- Eine »getarnte« Verabredung geschieht immer in einer **Gruppe**. Will sich ein Junge mit einem Mädchen aus der Gruppe **allein verabreden**, muß sie seinen Wunsch ablehnen, um nicht als »leichte Beute« zu gelten. Nachdem die Gruppe mehrmals zusammen ausgegangen ist, darf der Junge das Mädchen vielleicht zu Hause besuchen.
- **Ohne männliche Begleitung** gehen alleinstehende Mädchen nicht in Clubs, Discos o.ä. Sie gerieten sonst leicht in einen schlechten Ruf. Aus diesem Grunde wird eine europäische Frau oft »mißverstanden«, wenn sie allein einen Nachtclub oder ein Restaurant besucht.
- Es **zählt nicht zu den chinesischen Höflichkeitsritualen**, daß junge Männer ihrer weiblichen Begleitung die Stühle zurechtrücken oder ihnen die Tür öffnen.

# Verlobung

Vermittlungen von Heiraten waren früher unter den Chinesen Singapurs und Malaysias gang und gäbe. Heute sind sie eine seltene Erscheinung. **Die modernen jungen Leute wählen ihre Ehepartner meist selbst.**

Wird dennoch ein **Heiratsvermittler** eingeschaltet, so übernimmt dieses Amt in der Regel eine alte Frau und Verwandte der Familie. Die Eltern eines Kindes im heiratsfähigen Alter verpflichten sie, damit sie einen passenden Partner findet, oder bitten sie, Kontakt zu einer im Vorfeld erspähten »guten Partie« zu knüpfen. Bei erfolgreicher Vermittlung erhält sie ein *hong bao* (= »roter Umschlag«, in dem sich eine Geldgabe verbirgt).

**Traditionell** dürfen Chinesen eine leibliche Cousine, eine Cousine zweiten oder dritten Grades ehelichen, solange sie nicht die Tochter des Vaterbruders ist. (Sie würden sonst denselben Familiennamen tragen und daher als vom gleichen Blut gelten.) Andere Cousinen kommen in Betracht, falls sie derselben Generation angehören wie der junge Mann. **Heutzutage** sind **Eheschließungen zwischen leiblichen Cousins** jedoch verpönt.

Die Heiratsvermittlerin kennt zumeist die Familien beider Partner, die vermutlich derselben Dialektgruppe und dem gleichen sozialen Stand

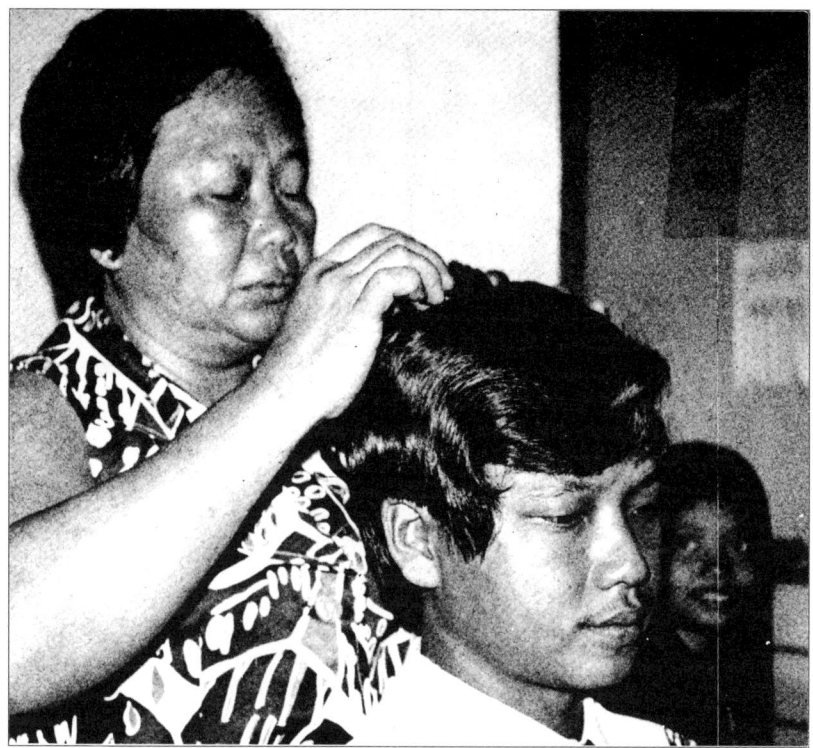

*»Ab heute bist du ein Mann, mein Sohn!« Die chinesische Haarkämm-
Zeremonie eröffnet das Mannbarkeitsritual mit der Teezeremonie als Höhe-
punkt. Der Anwärter auf Mannestum sitzt vor dem Ahnenaltar, um die
Altvorderen über seine bevorstehende Heirat zu informieren.*

angehören. Um an **Informationen über die Braut** zu gelangen, scheut die
Heiratsvermittlerin nicht davor zurück, das Dienstmädchen ihrer Familie zu
**bestechen**. Ist die Lage erkundet, werden Fotos ausgetauscht, und es kommt
zu einer ersten Begegnung zwischen der Mutter des jungen Mannes und dem
Mädchen. Oft arrangiert man danach eine Begegnung zwischen dem jungen
Mann und dem Mädchen. Ein **Wahrsager oder Astrologe** wird bemüht, um
durch magische Tests festzustellen, ob das Gespann vielversprechend und
harmonisch zueinander paßt. Dabei spielen **Horoskope** eine bedeutende
Rolle; ein Mädchen, das im Jahr des Tigers geboren ist, gilt für einen jungen
Mann, der im Jahr der Ziege das Licht der Welt erblickte, als gefährliche
Partnerin, könnte sie ihn doch »zerfleischen«. Setzt man diese Logik fort, so
wäre einem Mädchen, dem das Pech widerfahren ist, in den Jahren des
Tigers, des Affen oder der Schlange geboren zu sein, nahezulegen, sein
Geburtsjahr zu fälschen, um nicht Gefahr zu laufen, als »alte Jungfer« zu

enden. Wenn heutzutage immer noch Heiratsvermittler tätig werden, so vornehmlich aus **rituellen und zeremoniellen Gründen**. Ihre Unterstützung ist bei den **Hochzeitsvorbereitungen** gefragt, da es der traditionellen chinesischen Höflichkeit widerspricht, daß die beiden Elternpaare unmittelbar über Details verhandeln.

**Drei Rituale** begleiten eine Verlobung :

• Das Paar tauscht **Ringe** (oder anderen Schmuck) aus.

• Der junge Mann kauft besondere Kuchen oder **Süßigkeiten** (Arten von Erdnußkrokant oder Sahnebonbons), die in rotes Papier gewickelt und den Freunden und Verwandten des Paares gebracht oder geschickt werden. (In der Vergangenheit überreichte man sie lediglich den zukünftigen Verwandten der Braut.) Derlei Süßigkeiten signalisieren den Freunden, daß eine Einladung zu einer Hochzeit auf dem Fuße folgt. Zur Verlobung werden keine Geschenke überbracht, da die Heirat schon kurz darauf stattfindet. **Hochzeitsgeschenke** werden zur Feier mitgenommen und dort überreicht.

• Ein Hochzeitsgeschenk (der einstige **Brautpreis**) wird vereinbart. Dabei handelt es sich um eine **symbolträchtige Geldübergabe des Bräutigams an die Brauteltern**. Dies übertrug traditionell die Rechte und Pflichten der Brauteltern auf den künftigen Ehemann, verlieh ihm sexuelle und häusliche Rechte sowie beiden die Pflicht zur Fortpflanzung. Damit war sichergestellt, daß die Kinder seinen Namen tragen würden. Der Brautpreis entschädigte auch symbolisch die Brauteltern für sämtliche bis dahin für Erziehung und Fürsorge ihrer Tochter entstandenen Kosten. Er sollte keineswegs eine »Aussteuer« begleichen, noch wurde er als »Kaufpreis« für eine Frau betrachtet. Auch heute noch wird vor der Hochzeitszeremonie dieser Brautpreis entrichtet, um zumeist die **Brautausstattung** und die Brautkleider zu finanzieren.

## Heirat

In Singapur und Malaysia entdecken Sie eine **friedliche Koexistenz verschiedener Heiratsformen**: bei Christen die **kirchliche Heirat in Weiß**; die gesetzlich vorgeschriebene zivile Zeremonie oder **»standesamtliche Trauung«**, der die Chinesen jedoch weniger Bedeutung beimessen als der traditionellen chinesischen **»Teezeremonie«-Heirat**; die neuzeitliche Erscheinung der **»Massenhochzeit«**. Bei letzterer heiraten bis zu 100 Paare gleichzeitig; es lockt eine Gruppenermäßigung auf den Hochzeitsempfang, das Hochzeitsbankett und sogar die Hochzeitsreise.

Bis 1960 war in Singapur die **Vielweiberei** noch verbreitet. Manche Männer nahmen sich sogar sieben oder acht Frauen. Nur eine Frau, die erste, konnte die Rolle der **»Hauptfrau«** übernehmen. Sie mußte als Jungfrau in die Ehe gehen. Sie besaß Vorrang vor allen nachfolgenden Frauen, die ihr Ehrerbietung zu erweisen hatten. Im Gegensatz zu seinen Geschlechtsgenossen in China und Hongkong, die ihre Frauen in einem Haus vereinten, zog der einheimische Chinese es aus Gründen der Vorsicht und des familiären Friedens zuliebe vor, seine Frauen in verschiedenen Häusern unterzubringen. Nur wenigen Chinesen ist es gelungen, all ihre Frauen »glücklich« unter einem Dach um sich zu scharen. Dafür wurden sie von ihren Freunden bewundert, beneidet und gepriesen. In **Malaysia** untersagt heute ein Gesetz allen ethnischen Gruppen die Vielweiberei (Ausnahme bilden die Muslime, die ihren religiösen Gesetzen unterstehen). In **Singapur** verbietet seit 1960 die sogenannte Frauencharta polygame Eheschließungen (sie berührte nicht die bis zu jenem Zeitpunkt geschlossenen chinesischen Ehen). Neben der Vielweiberei war es weithin akzeptiert, daß Männer sich **Mätressen** hielten. Hier traten und treten manche begüterte Männer der jungen Generation weiterhin in die Fußstapfen ihrer Väter.

In der Vergangenheit zog die Braut stets in das Haus des Bräutigams um. Ihre Aufgabe bestand vor allem darin, ihrem Ehemann Söhne zu gebären, um so die ausschließlich den Männern vorbehaltene Ahnenverehrung gewährleisten zu können. Erst nach der **Geburt eines Sohnes** galt die junge Frau als vollwertiges Mitglied des Haushalts. Viele junge chinesische Ehepaare ziehen zwar noch in das Haus der Eltern des Ehemannes, führen jedoch ihren eigenen Haushalt.

Die **Hochzeitsfeierlichkeiten** währten in früheren Zeiten volle drei Tage, wobei jeder Tag bestimmten Rituale vorbehalten war. Heute verkürzt man die Zeremonie jedoch gerne auf insgesamt einen Tag.

Vor der Hochzeit wird das Ehebett aufgestellt. Damit die Fruchtbarkeit dieser Stätte und des Paares sichergestellt wird, bittet man einen kleinen Jungen, sich auf das Bett zu setzen oder darin zu wälzen. Das Zimmer der frischgebackenen Eheleute funkelt neu und leuchtend wie die Ehe. Wände, Fenster und Bett strahlen in Rot und Rosa. Die Besitztümer der Braut werden hereingebracht, und alle harren der kommenden Ereignisse. Kurz vor der Zeremonie findet das **Ritual des »Haarkämmens«** statt, bei dem Braut und Bräutigam in ihrem jeweiligen bisherigen Zuhause das Haar nach alten Regeln gekämmt wird. Das Kämmen nimmt traditionell die Mutter vor; es symbolisiert das Erlangen der Reife. (Eine unverheiratete Person gilt als Kind – selbst wenn sie längst die Schallgrenze des vierzigsten Geburtstags überschritten hat.)

Am **Hochzeitstag** trägt die Braut tagsüber gewöhnlich ein weißes Hochzeitskleid westlichen Stils, beim abendlichen Hochzeitsbankett ein rotes oder rosafarbenes Abendkleid. Eine Friseuse richtet ihr Haar, eine Kosmetikerin ihr Make-up. Der Bräutigam zeigt sich in einem eleganten Anzug westlichen Zuschnitts samt Hemd und Krawatte.

Der Bräutigam holt die Braut in einem mit roten, rosafarbenen oder goldenen Bändern glückverheißend geschmückten Wagen ab, auf dessen Kühler ein Brautpüppchen thront. Eventuell überbringt er der Brautfamilie in einem festlich geschmückten Korb **symbolträchtige Geschenke**: etwas Schweinefleisch, zwei Hühner, zwei Flaschen Cognac, rote Hochzeitskerzen, (falls noch nicht vollständig bezahlt) den Rest des Brautpreises, Kleidung usw. Die Familie der Braut gibt die Hälfte dieser Geschenke zurück, um die Einheit des Paares zu versinnbildlichen. Das Paar kehrt dann in das Haus des Bräutigams zurück, manchmal mit Geschenken aus Zuckerrohr zur Verkörperung der Süße ihrer künftigen Partnerschaft.

Möglicherweise bringt es auch **einen Hahn und eine Henne** mit, eine Gabe der Brautmutter. Diese beiden lebenden Tiere werden dann unter das Ehebett getrieben, um aus ihrem Verhalten das Geschlecht des erstgeborenen Kindes vorherzusagen. Steckt zuerst der Hahn seinen Kopf unter dem Bett hervor, so wird das erstgeborene Kind ein Junge sein. Hören die Eheleute nachts den Hahn krähen, so wird ihre Nachkommenschaft zahlreich. Viele junge Leute verzichten heutzutage auf diesen Brauch. In der »guten alten Zeit« war das Federvieh so lange unter dem Brautbett zu hüten, bis es eines natürlichen Todes gestorben war. Heute endet das Geflügel meist vorzeitig als Huhn auf Reis.

Wenn das Ehepaar am Haus des Bräutigams ankommt, tritt der junge Mann wohlgezielt gegen die Autotür. Dies ist ein Überbleibsel aus jenen alten Zeiten, da die Braut noch in einer Sänfte zum Haus des Bräutigams getragen wurde und der Bräutigam der Sänfte einen Tritt versetzte, um symbolisch anzuzeigen, daß nun er die Macht über seine Frau übernahm. An der Schwelle steigt die Braut über einen Behälter mit kokelnder Holzkohle, ein Brauch, der sie von allem Übel reinigen soll.

Nun vollzieht sich der **wichtigste Abschnitt der Heiratszeremonie**. Nachdem das Paar das Haus betreten hat, bezeugt es zuerst Hausgöttern und Ahnen seinen Respekt. Beide verbeugen sich dreimal vor dem Altar, um den Ahnen ihre Heirat anzuzeigen. Danach folgt die **traditionelle Teezeremonie** mit dem herkömmlichen eigentlichen Trauungsritual.

Die Eltern des Bräutigams nehmen auf zwei für sie reservierten Stühlen Platz. Das Paar bietet, früher auf den Knien, heute meist stehend, jedem Elternteil eine Schale Tee an, zunächst dem Vater, dann der Mutter. Nehmen die Eltern je auch nur einen winzigen Schluck Tee, so **billigen sie damit die Braut als Schwiegertochter**. Weigert sich ein Elternteil, so gilt dies als **Zeichen der Ablehnung**, und Ärger steht ins Haus. Dies geschieht nicht oft; sollte die Mutter zögern, werden Verwandte und Freunde sie drängen, den Tee bis zur Neige auszutrinken. Die Eltern stellen, zusammen mit einem *hong bao* für die Braut, ihre Teeschalen auf einem Tablett ab, das ein Freund oder Verwandter trägt. Dieses *hong bao* kann Goldschmuck oder Geld enthalten. Nur selten haben fremde Gäste die Gelegenheit, diesen Abschnitt des Rituals mitzuerleben, dem gewöhnlich **ausschließlich die vielköpfige Familie beiwohnt**. Nach den Eltern wird den älteren Tanten und Onkeln der Tee serviert, die in der Reihenfolge ihres Ranges nacheinander auf den beiden Stühlen Platz nehmen.

Nach dieser Zeremonie begibt sich das Paar zum Haus der Braut. In der Stadt posieren moderne Paare nachmittags oft für ein Foto. Abends findet ein auf-

*Eine Kulturrevolution im modernen Singapur! Früher wurde nur ein kleiner
Junge als Fruchtbarkeitssymbol auf das Brautbett gesetzt, jetzt gesellt sich ihm
ein kleines Mädchen zu. In Singapur ist dieser Gleichberechtigungsfortschritt
Teil der Geburtenkontrollkampagne (»Zwei sind genug!«).*

wendiges **Bankett** statt, zu dem alle Freunde und Verwandten eingeladen
sind. An dieser Feier nehmen oft Hunderte von Personen teil. Der Bräutigam
und die Braut gehen von Tisch zu Tisch und laden die Gäste ein, mit ihnen
zu trinken. An jedem Tisch erheben sich die Gäste, um dem Paar zuzupro-
sten, und singen laut »Y-A-M S-E-N-G«, wobei sie die Töne so lange wie
möglich zu halten versuchen. Oft wetteifern die Gäste an den verschiedenen
Tischen, wer am lautesten und am längsten singt. Bei diesem Fest geht es um
**Spaß, Trinken und Essen ... Essen ... Essen!**
Nach alter Tradition soll die Ehe in der **Hochzeitsnacht** vollzogen werden.
Von der Braut wird – anders als etwa bei den Malaien – nicht erwartet, daß
sie Widerstand vortäuscht. In nicht allzu lang vergangenen Zeiten legte man

ein besonderes Tuch auf das Ehebett, das die Schwiegermutter der Braut später inspizierte, um die **voreheliche Jungfräulichkeit der Braut** zu prüfen. Mitunter testete sie die zum Beweis dienenden Flecken mit Zitronensaft. Färbten sich die Flecken nach dem Waschen gelblich, so galten sie als »echt«. Andernfalls konnte die Braut mit den Worten: »Du bist kein gutes Mädchen, kehr zu deiner Mutter zurück!« nach Hause zurückgeschickt werden. Die Ehe wurde anschließend eher durch eine **Scheidung** als durch eine Nichtigkeitserklärung beendet. Die **kantonesischen Bräuche** waren in dieser Beziehung deftiger. Nach dem Vollzug der Ehe schickte die Familie des Bräutigams der Brautmutter ein Schwein. Hatte sich herausgestellt, daß die Braut nicht mehr unberührt war, schnitt man dem armen Schwein ein Ohr oder den Ringelschwanz ab. Derart verstümmelt, trieb man es zum Haus der Braut zurück – und tat die Schande öffentlich kund. Heute bestürzt es manche Angehörige der älteren Generation, daß ihre Nachkommen sich um diese schillernden traditionellen Gebräuche kaum mehr kümmern.

## Hochzeitsgeschenke

• Es ist üblich, der Braut und dem Bräutigam ein mit einem **Geldgeschenk** gefülltes *hong bao* zu überreichen. Man gibt diese roten Umschläge beim Betreten des Festsaals ab.

• *Hong-bao*-**Umschläge** kann man in allen chinesischen Warenhäusern kaufen. Achten Sie jedoch darauf, jene mit den chinesischen Schriftzeichen für »doppeltes Glück« zu wählen, da die roten Kuverts in verschiedenen Ausführungen für vielerlei Anlässe angeboten werden.

• Die **Höhe des Geldbetrags** hängt davon ab, wie gut Sie das frischgebackene Ehepaar kennen. Zumindest sollte er die Kosten des Festessens decken, zu dem Sie und Ihre Begleitung eingeladen sind. Was immer Sie schenken, es muß in der glückverheißenden geraden Stückelung, bei Geld also in einer **geraden Anzahl** von Scheinen, dargeboten werden. 20, 40 oder 80 Dollar etwa gelten als glückbringende, 25, 30, 35, 50, 70 Dollar usw. hingegen als unheilvolle Geldbeträge. Wenn Sie 20 Dollar überreichen, dann möglichst in Form zweier bankfrischer 10-Dollar-Scheine; schenken Sie aber 40 Dollar, so geben Sie vier 10-Dollar-Scheine. Denken Sie daran – **das Glück wird als Zwilling geboren**. Geben Sie deshalb immer **paarweise**.

• Als Variante bietet sich ein **Geschenkgutschein** eines der Kaufhäuser oder gar ein Bargutschein einer Bank an. Dort versorgt man Sie auch mit einem *hong bao*. Kennen Sie das Paar nicht sehr gut, mag es angebrachter sein, einen Gutschein zu verschenken als kaltes, hartes Bargeld.

## Das Hochzeitsbankett

• Es ist **unhöflich, pünktlich zu erscheinen**. Lautet die Einladung auf 19.30 Uhr, so trudeln die ersten Gäste gegen 20.00 Uhr ein. Würde ein Gast pünktlich um 19.30 Uhr auftauchen, säße er – als unverkennbar gierige Person – allein auf weiter Flur.

• Die **Gäste verabschieden sich unverzüglich**, sobald das Festessen beendet und der letzte Trunk geleert ist. Uns mag dies, besonders bei einem derart festlichen Anlaß, abrupt erscheinen. Doch Chinesen feiern ihre Feste **während** des ausgiebigen Essens.

• Auch wenn Musiker und Sänger zur Unterhaltung der Gäste aufspielen, wird bei chinesischen Hochzeitsbanketten **selten getanzt**.

## Kleidung

• Meist trifft man in **recht zwangloser Kleidung** zu einem Hochzeitsbankett ein, die Frauen in kurzen Kleidern oder Hosenanzug, die Männer in Sporthemden.

• Findet das Hochzeitsbankett in einem **vornehmen Restaurant oder Hotel** statt, sollte man sich etwas **eleganter** kleiden: lange Abendgarderobe für die weiblichen, Jackett und Krawatte für die männlichen Gäste.

• Welche Kleidung auch immer Sie anlegen, wichtig sind die **Farben**! Weiß, schwarz oder marineblau gilt es zu meiden. Ungebleichte Baumwollgewebe verheißen Unglück, da sie oft bei Trauerfeierlichkeiten getragen werden. Rote, rosa- oder goldfarbene Töne hingegen gelten als Glücksbringer. Rot stößt böse Geister ab – angeblich fürchten sie sich vor dieser Farbe.

## Geburt

Chinesen **zählen die Lebensjahre anders als wir**: Ein Neugeborenes gilt als einjähriges Kind und wird mit jedem chinesischen Neujahr ein Jahr älter. Ein Baby also, das einen Monat vor Neujahr geboren wurde, wird demnach am Neujahrstag als zweijährig bezeichnet, obwohl es erst vier Wochen alt ist.

Die **wichtigste Feier nach der Geburt eines Kindes** ist die »Ein-Monat«-Feier. Freunde werden eingeladen, erlesene Speisen aufgetragen und hartgekochte Eier mit rotbemalten Muscheln verteilt. Das Baby erhält Geschenke. Diese Feier besitzt nur beim Erstgeborenen, ob Sohn oder Tochter, Bedeutung. Die Feste für die nachfolgenden Kinder fallen kleiner aus und werden weniger sorgfältig vorbereitet. (Manchmal verzichtet man dann auf eine Feier und läßt Freunden und Verwandten lediglich die Festkuchen und roten Eier zukommen.)

Mit der »Ein-Monat«-Feier geht der erste, **rituelle Haarschitt des Kindes** einher. Manchmal hebt die Mutter die Haare zusammen mit der getrockneten Nabelschnur in einem Krug auf. Wird das Kind älter und streitlustig, werden die Haare in kochendes Wasser getaucht, danach getrocknet und erneut aufbewahrt. Den Sud läßt die Mutter das Kind trinken, um es für alle Zeit von seiner Zanksucht zu kurieren. (Anmerkung: Keine der Mütter, die wir nach diesem Brauch befragten, hatte ihn an ihren eigenen Kindern vollzogen. Doch alle gaben an, ihre Mütter hätten ihnen eingeschärft, ihn unbedingt anzuwenden.) Beschneidungen sind bei Chinesen nicht üblich.

## Tips für Geschenke zur Geburt

• Bei Krankenhausbesuchen empfehlen sich **kulinarische Spezereien**: ein Korb mit Obst, Süßigkeiten, Kuchen, Kekse – und dies, da glückverheißend, immer paarweise. Lebensmittelpräsente sind ebenfalls willkommen, wenn die junge Mutter daheim weilt: ein Korb mit nahrhaften Beigaben wie Huhn, Eiern, Kekse, Milch, Nudeln, Obst usw. (Womöglich hält sie nach der Geburt eine Diät ein. Fragen Sie daher besser, welche Lebensmittel erwünscht wären.)
• **Blumen** sind unangebracht, da Chinesen der Auffassung sind, daß eine junge Mutter nicht krank ist. Denn: Blumen werden kranken Menschen oder zur Beerdigung geschenkt.
• Als **Geschenk für das Baby** eignet sich vieles: eine Strampelhose o.ä. zusammen mit einem kleinen Spielzeug oder einer Dose Babypuder; ein fertigverpacktes Geschenk mit Nachtzeug, Bettuch usw. Dauerhaftere Geschenke könnten aus einem Ring, Armband oder einer Halskette aus Gold oder einem Stück Jade zusammen mit einem weiteren kleinen Geschenk bestehen.
• Stellen Sie Geschenke stets **in gerader Stückzahl** zusammen.
• Die chinesischen **Glücksfarben** sind Rot, Rosa und Gelb bzw. Gold.
• Überreichen Sie Chinesinnen kein Geschenk, auf dem ein **Storch** abgebildet ist. In den Augen der Hokkien-Chinesen ähnelt der Storch dem Reiher, dem Symbol für den Tod einer Frau, das auf dem Sarg einer weiblichen Toten dargestellt wird.

## Bestattung

Die **chinesische Religion** bildet eine eigentümliche Mischung aus Buddhismus, Daoismus und Konfuzianismus. Chinesen glauben an ein Leben nach dem Tod und an eine Wiedergeburt. Die **Ahnenverehrung** ist ihnen äußerst wichtig, da sie den Familienzusammenhalt fördert und die Verbindung zwischen den Ahnen und den Lebenden aufrechterhält.
Zwischen den lebenden Chinesen und ihren Verstorbenen bestehen **Verpflichtungen auf Gegenseitigkeit**. Ehrerbietung kann nur der Jüngere dem Älteren erweisen – und daher begeht ein junger, unverheirateter Mann einen ungehörigen Verstoß gegen seine Eltern, wenn er vor ihnen stirbt. Nach diesem »Vergehen« wird er nicht auf dem häuslichen Ahnenaltar verehrt. Ein frühverstorbender Junge gilt als die wiedergeborene Seele einer Person, der die Eltern etwas schuldeten; sein Tod begleicht diese Schuld. **Ein toter Chinese wird von seinen Kindern, Neffen, Nichten und jüngeren Geschwi-**

*Die Geburt jedes Kindes bringt Glück für die chinesische Familie – nicht nur im Sinne gefühlsmäßiger Bereicherung. Kinder bedeuten auch Altersversorgung und gewährleisten durch die Ahnenverehrung Fortexistenz nach dem Tode.*

**stern verehrt, jedoch nie von seinen Eltern.** Stirbt ein Mann kinderlos, so müssen seine noch lebenden Eltern abstreiten, daß er jemals ihr Sohn war – oder die Tatsache hinnehmen, daß er fortan als **»hungriger Geist«** heimatlos umherirrt, dem niemand die rituellen Speisen und die Fürsorge zukommen läßt, die er für sein Leben im Jenseits benötigt. Ein Mann, der ohne männlichen Erben geblieben ist, kann einen Neffen zum Erben bestimmen, der später die Ahnenverehrung ausführt. Stirbt eine Frau unverheiratet, darf ihre Familie sie posthum verheiraten, um so ihre Ahnentafel auf den Familienaltar ihres Mannes stellen zu können. Die Geister unverheirateter junger Mädchen gelten als bösartig und launisch, wenn sie nicht besänftigt werden. Ein unverheirateter toter Sohn kann selbstverständlich ebenfalls posthum verheiratet werden; eine solche Heirat nennt man **»Geisterheirat«.**

**Die wichtigste Aufgabe der Ahnenverehrung obliegt den Kindern bei der Unterstützung und Fürsorge für ihre Eltern,** der lebenden wie der toten. Ein Kind kann seinen Eltern nichts Schlimmeres antun, als sie zu vernachlässigen, indem es sie zu Lebzeiten nicht mit Essen, Kleidung, Schutz und Glück versorgt – und mit ritueller Verehrung und Fürsorge nach ihrem Ableben. Ein Kind muß den Eltern gegenüber seine »Schulden« begleichen, die dadurch entstanden, daß sie ihm das Leben geschenkt, den Sprößling großgezogen und für ihn gesorgt haben. Im Gegenzug für die kindliche Pietät segnen die Ahnen die pflichtbewußten Kinder mit einem langen Leben in Wohlfahrt und zahlreicher Nachkommenschaft.

**Den Tod begleiten langandauernde und farbenprächtige traditionelle Feierlichkeiten.** An Geld wird nicht gespart, die Kosten gehen in die Tausende von Dollar. In Singapur und Malaysia widmen sich zahlreiche Gesellschaften und Vereine der Aufgabe, die Bestattungsfeierlichkeiten für verstorbene Mitglieder zu organisieren. Trauerfeiern finden manchmal zu Hause auf großen, offenen Hof- oder Gartenplätzen statt; Stühle, Zelt und Ausrüstung können zu diesem Zweck gemietet werden. Oder die Ausstattung wird Beerdigungsinstituten übertragen.

Vor nicht allzu langer Zeit noch gab es in der Sago Lane in Singapurs Chinatown ein Zentrum mit **»Sterbehäusern«,** in denen Sterbende auf den Tod warten konnten. Ihre Verwandten handelten keineswegs herzlos; vielmehr waren die Wohnverhältnisse zumeist zu beengt, um einem alten Menschen einen ruhigen Ort zur Verfügung stellen zu können, an dem er seine letzten Tage verbringen konnte. Überdies galt es als Unglück, einen sterbenden Menschen in einer Wohnung zu beherbergen, in der andere Menschen lebten; sein Geist könnte im Haus herumspuken. Sargmacher, Beerdigungsinstitute, Blumenhändler, Opferbedarf-Verkäufer usw. waren daher vornehmlich in der näheren Umgebung der Sago Lane zu finden.

Die **zeremonielle Reinigung des Leichnams** übernimmt meist der Hauptleidtragende, der älteste Sohn des Verstorbenen. Er kauft oder erbittet das benötigte Wasser, da es nicht aus dem eigenen Haus stammen darf. Zwei Kupfermünzen werden ins Wasser geworfen, um den Kauf zu belegen. Als-

66

*Die Wertschätzung des Alters als konfuzianische Tugend hat sich unter den Chinesen Südostasiens mehr noch als im »Mutterland« erhalten.*

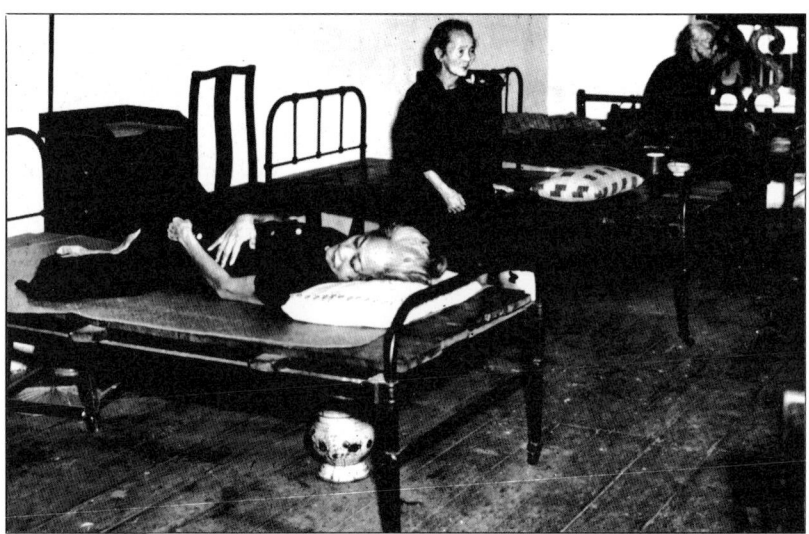

*Früher harrten in den »Sterbehäusern« der Sago Lane von Singapur alte Menschen des Todes. Es galt als unglückbringend, Sterbende unter lebenden Menschen zu belassen; ihr Geist könnte sich dort spukend einnisten.*

dann wird der Körper mit einer ungeraden Anzahl von Kleidungsstücken bekleidet: drei, fünf, sieben oder mehr. Auf diese Weise wird der Tote auf seiner langen Reise zum König des Hades nicht frösteln. Um sicherzustellen, daß böse Gerüchte nie wieder auftauchen, steckt man eine Silbermünze zwischen die Zähne des Verstorbenen. (Alte Frauen schelten klatschsüchtige Freundinnen mit den Worten: »Dir fehlt das Silber, um deine Zähne verschlossen zu halten!«)

Man bahrt den Leichnam hinter einem Vorhang auf, verbrennt **Papiergeld**, rückt **Opfergaben** und einen Stuhl mit den Lieblingskleidern des Toten in seine Nähe. Zwei **Kerzen**, die während der Gesamtdauer der Feierlichkeiten brennen müssen, werden entzündet, damit der Geist des Verstorbenen seine Umgebung gut wahrnehmen kann. Der Priester spricht zum Körper, als wäre er noch lebendig: »Sieh nur, deine Freunde sind hier, um dir Lebewohl zu sagen!« **Weinen und Wehklagen** beginnen zu einer festgesetzten Zeit, zu der vermutlich der Geist des Verstorbenen zurückgekehrt ist. Dieses Weinen auf Einsatz soll seinem Geist einen wohlwollenden Willkommensgruß darbieten. Lautstärke und Dauer des Klagens teilen dem König des Hades mit, wie sehr der Geist zu Lebzeiten geliebt oder gehaßt worden ist. Reiche Familien verpflichten **Trauerweiber**, damit der unüberhörbare Lärm auch gewiß zu den Ohren des Königs der Geisterwelt vordringt.

Die Familienmitglieder halten, bis der Körper unter der Erde ist, unablässig **Totenwache**, manchmal also drei, fünf oder sieben Tage lang. Diese soll

*Die Hauptleidtragenden bei einem Begräbnis sind weiß gekleidet, wobei die
Frauen Kapuzen und die Männer Kopftücher aus Sackleinen tragen,
die ebenso wie die Strohsandalen Teil der Trauertradition sind.
Enkelkinder des/der Toten sind blau gekleidet, Urenkelkinder hingegen rot.*

verhindern, daß eine trächtige Katze oder Ratte über die sterblichen Überre-
ste springt, was den Toten in einen Zombie, einen umherirrenden Geist, ver-
wandeln würde. Freunde finden sich ein, um dem Toten die letzte Ehre zu
erweisen. Man bewirtet die **Besucher** mit Speisen und alkoholfreien Getränken. Sie nehmen bei den Trauernden Platz und spielen mit ihnen *majiang,*
um ihnen Gesellschaft zu leisten und sie wach zu halten. **Laute Musik**
dröhnt, um die bösen Geister abzuwehren. Priester zünden Feuer an und
springen durch die Flammen, um die bösen Geister zu vertreiben, die auf der
Jagd nach der Seele des Verstorbenen herumlungern.

Am **Tag der Bestattung** trifft sich morgens die Trauergesellschaft ein letz-
tes Mal. Bei manchen Beerdigungen treten Stelzenläufer auf. Nachdem die
letzten Riten ausgeführt worden sind, begleiten die Hinterbliebenen im
**Trauerzug** den Sarg zum Friedhof. Es gilt als schlechtes Omen, wenn der
Sarg beim Transport gegen den Türpfosten stößt. Deshalb drängen sich die
Träger dicht um den Sarg und bugsieren ihn Zentimeter für Zentimeter vorsichtig aus dem Haus. Dies ist oft keine leichte Aufgabe, da manche Särge
aus massivem Holz geschreinert sind und mehrere Zentner wiegen können.
Die modernen Wohnsilos bringen zudem neue Probleme mit sich. Paßt der
Sarg nicht in den Fahrstuhl, muß man ihn womöglich 15 oder 20 Stockwer-
ke treppab tragen. Ein feierlich geschmückter Lastwagen nimmt vor dem
Haus den blumenübersäten Sarg auf. Den Sarg ziert ein Foto des Verblichenen sowie bei einer Frau die Abbildung eines Reihers oder bei einem Mann
eines Tigers.

Eine **Prozession** formiert sich. Ihr zieht die in Phantasiekostüme gewandete
Musikkapelle voran. Diese wird gewöhnlich von der Sippenorganisation des

Verstorbenen gestellt. Der Kapelle folgen der Priester, der Lastwagen mit dem Sarg, schließlich die Trauerfamilie und die Trauergäste. Die Familienangehörigen streifen Überwürfe aus grobem, **ungebleichtem Sackleinen** über ihre normale Kleidung; die Männer tragen zudem Stirnbänder, die Frauen und Kinder Kapuzen aus Sackleinen. Enkel werfen über das Sackleinen eine blaue Tunika. Urenkel drücken mit roter Kleidung ihre Freude darüber aus, daß der Verstorbene ein langes Leben genießen und ein hohes Alter erreichen konnte.

Die Trauernden machen sich zu Fuß auf den Weg. Autos folgen ihnen, um sie nach etwa einem Kilometer aufzunehmen. Ist der Sarg am **Friedhof** abgeladen, so verlassen die meisten Trauergäste den Ort. Nur die Familienangehörigen und engsten Freunde bleiben zurück. Mehrere Riten werden ausgeführt. Ein Priester wirft einen Hahn über das offene Grab. Gelingt es dem Hauptleidtragenden, ihn aufzufangen, so gilt dies als gutes Omen, während das Mißlingen Unglück und Tod über die Familie bringen wird. Heute sind unter Chinesen in Singapur **Feuerbestattungen** die Regel, da der Friedhofsgrund knapp geworden ist.

Nach der Bestattung, meist **sieben Tage nach dem Ableben**, verbrennt die Familie kunstvoll aus Papier und Bambus gefertigte Opfergaben wie Häuser mit Dienern, Sikh Wachmännern, Fernsehgeräten und Autos, Kleider, Juwelen, Flugzeuge, Opiumpfeifen sowie Papiergeld. Diese **papiernen Opfergaben** sollen gewährleisten, daß es dem Verstorbenen im Jenseits an nichts fehlt. Durch das rituelle Verbrennen werden sie dem Verstorbenen gewissermaßen »per Luftpost« zugestellt; Flammen und Rauch befördern den Geist dieser Geschenke in die Geisterwelt. Danach tragen die Trauernden noch eine Weile an einem Ärmel eine Trauerbinde.

Während der **ersten sieben Tage nach dem Tod** schwebt die Seele zwischen dem Dies- und Jenseits. Man bringt dem Geist auf dem Altar **rituelle Speiseopfer** dar, davon ausgehend, daß er am siebten Tag zum letzten Mal sein irdisches Heim aufsucht. Für die Nacht wird ein Bett vorbereitet und eine Speise darauf gestellt; am nächsten Morgen untersucht die Familie das Bett auf Anzeichen für einen Besuch des Geistes: Wurde das Bettlaken benutzt, liegen darauf verstreute Reiskörner? Am **siebten Tag** besucht man das Grab und verbrennt alle Gegenstände, die mit dem Toten in Zusammenhang stehen – dies ist der **Schlußakt der Trennung des Toten von den Lebenden**.

Man stellt die **Ahnentafel** auf und vollzieht fortan die periodisch vorgeschriebenen Riten, um die Bedürfnisse und Wünsche des Verstorbenen zu befriedigen. Der Tote ist fortan Personifizierung der »Familie«, die lebt und weiterlebt und nie verlischt.

**Hundert Tage nach dem Tod** geht die Zeitspanne tiefer Trauer ihrem Ende entgegen. (Dieser Zeitraum umfaßt weniger als hundert Tage, wenn der Verstorbene Söhne hinterließ; die Chinesen ziehen die Anzahl der Söhne von den Trauertagen ab. Hat ein Verstorbener also drei Söhne, so beträgt die

**Trauerzeit** genau 97 Tage. Töchter verkürzen die Trauerzeit nicht …)
Früher trauerte man drei Jahre um die Eltern, heute nur mehr ein Jahr. Traditionell waren während dieser Trauerzeit Geschlechtsverkehr und andere irdische Vergnügungen untersagt; auch Heiraten wurden in dieser Zeit nicht geschlossen.

## Ratschläge für Trauergäste

• Besucher erscheinen gewöhnlich **abends**, etwa gegen 19.00 Uhr und sprechen zunächst den Trauernden ihr Beileid aus.
• Dann führt ein Trauernder den Gast zum Sarg, den ein Vorhang verbirgt, kniet nieder und verbrennt Räucherstäbchen. Der Gast sollte sich an den Fuß des Sarges stellen und **dreimal verneigen.** Man erwartet nicht, daß er ebenfalls niederkniet, es sei denn, er ist ein enger Freund. Dann entzündet der Familienangehörige für ihn die Räucherstäbchen.
• Es ist üblich, daß der Gast später **eine Kleinigkeit ißt und trinkt.** Man kann im **Gespräch** getrost erwähnen, der Verstorbene sehe schön, gelöst, erhaben o.ä. aus.
• Gäste sollten **dunkle Farben oder Weiß** tragen. Rot, Rosa, Gold und andere helle oder kräftige Farben sind zu vermeiden.
• Wenn Sie **als Tourist eine Leichenhalle besichtigen** möchten, so treten Sie **nie durch den Haupteingang** ein. Dies wäre eine Beleidigung der Trauernden.
• **Sollten Sie zufällig an einer unter freiem Himmel stattfindenden Bestattungsfeier vorbeikommen,** bietet man womöglich auch Ihnen Speisen an. Denn Chinesen betrachten es als Ehre und gutes Omen, wenn viele Gäste an einer Bestattung teilnehmen.
• Am letzten Tag, nach der Beerdigung oder Verbrennung, serviert man den Trauergästen, die den Sarg zum Friedhof oder Krematorium begleitet haben, einen **Leichenschmaus.**

### Tips für Kondolenzgeschenke

• **Geldgeschenke** sind durchaus angebracht. Sie helfen der Trauerfamilie die Kosten für Bestattung und Bewirtung bestreiten.
• Verwandte und enge Freunde überbringen ihre Gabe in einem **weißen oder braunen Briefumschlag.** Andere Gäste dürfen ihr Geschenk in roten Kuverts überreichen (damit sich kein böses Omen an den Schenkenden heftet).
• Den Toten sollte ein **ungerader Geldbetrag** gespendet werden: 10, 30, 50 Dollar usw., und zwar in einer ungeraden Anzahl von Geldscheinen. 30 Dollar sollte man also nicht in eine gerade Anzahl von Geldscheinen aufteilen (z.B. zwei 10-Dollar-Scheine und zwei 5-Dollar-Scheine), sondern in drei 10-Dollar-Scheine.

• Manche Chinesen wünschen statt dessen **Spenden für eine karitative Einrichtung.** Oft erlauben wohlhabende Familien einer Wohlfahrtsorganisation, im Trauerhaus einen Tisch aufzustellen, an dem die Spenden der Trauergäste entgegengenommen wird.
• In Trauerfällen darf man **weiße Blumen** übersenden.

## Verabschiedung von Trauergästen

• Die Trauerfamilie gibt dem Gast **zwei rote Fäden oder Bänder** mit auf den Weg, die jegliches mit dem Tod in Verbindung stehende Unglück von ihm fernhalten sollen. Binden Sie sie um einen Knopf – Sie müssen nicht warten, bis sie sich auflösen, sondern können Sie daheim wegwerfen (falls Sie nicht besonders abergläubisch sind).
• Manchmal erhält der Trauergast ein *hong bao* **mit einer einzigen Münze** (einer 5- oder 10-Cent-Münze). Mit dieser sollte man auf dem Heimweg eine Süßigkeit kaufen, um sich vom Atem des Unglücks, der im Todeshaus wehte, zu befreien. Wer Naschwerk verpönt, sollte das Geldstück auf keinen Fall mit nach Hause nehmen, sondern unterwegs fortwerfen. Trauergäste, die am letzten Tag zum Beileidsbesuch eintreffen, erhalten mitunter auch ein Taschentuch.

## Das chinesische Neujahr

Anders als unsere Silvester-/Neujahrfeste beschränken sich die chinesischen Neujahrfeiern nicht auf bloß eine Nacht und den Kater-Nachklang, sondern dauern traditionell **dreißig Tage.**
Sie beginnen etwa zwei Wochen vor Silvester (das chinesische Neujahr fällt auf den **ersten Tag des Mondkalenders,** also zwischen den 21. Januar und den 19. Februar). Für die Chinesen ist das Neujahr die schönste Zeit des Jahres. In China ist es auch ein **Vorbote des Frühlings;** in Singapur und Malaysia bedeutet es vor allem einen **Neubeginn:** zu dieser Zeit begleicht man sämtliche Schulden, trägt neue Kleider und Schuhe, putzt und erneuert das Haus, begräbt alte Händel und stellte wieder Friede her zwischen Familien und Freunden. Man ehrt die Götter und Ahnen, um sie günstig zu stimmen.
Vielerlei **Süßigkeiten und Delikatessen** müssen vorbereitet oder gekauft werden: lackierte Enten, Wassermelonenkerne, Erdnüsse, Würste, Mandarinapfelsinen und manch andere Leckerei. Um die bösen Geister abzuwehren, heftet man an Türpfosten und Außenwände der Häuser Zauberpapiere, **rote Papierstreifen mit glückbringenden goldfarbenen Schriftzeichen,** und Knoblauchknollen.
Sieben Tage vor Silvester begibt sich der **Küchengott** eines jeden Haushalts auf die Reise zum Jadekaiser im Himmel, um ihm über das Gute und Böse in seiner Familie zu berichten. (Ein chinesischer Ehemann kann jederzeit in der Küche Zuflucht vor seiner zeternden Ehefrau finden. Denn dort thront der

*Kein titanischer Kraftakt, sondern ein chinesisches Himmelfahrzeug! Dieses Papiermobil wird rituell verbrannt, steigt als Rauch zu den Ahnen empor, um ihnen in himmlischen Gefilden eine bequeme Transportmöglichkeit zu bieten.*

Küchengott. Sie wird sich nicht trauen, vor den Augen und Ohren des Küchengottes zu zanken …) Die Familie versucht den Küchengott zu bestechen, indem sie Honig um den Mund seines Abbildes streicht. So wird er hoffentlich in honigsüßen Worten das Verhalten seiner Familie schildern. Manche Chinesen behaupten, der Honig würde dem Küchengott den Mund so sehr »verkleben«, daß er dem Jadekaiser kein einziges Wort zu berichten imstande wäre.

An **Silvester** entzündet man Kerzen, die die ganze Nacht brennen. Zuckerrohr wird hinter eine Tür gestellt, auf daß alle Familienmitglieder ein Leben voller Süße führen mögen. Wessen Eltern noch leben, der wird in dieser Nacht nicht schlafen, da seine Wache ihrem Leben viele Jahre zufügt. Ein großes **Familientreffen mit Festmahl** findet in jedem Haus statt, zu dem Verwandte von nah und fern sich auch deshalb einfinden, um den Eltern und Älteren Respekt zu bezeugen und ihre Kindestreue und Ergebenheit zu beweisen. Um **23.00 Uhr** (bei Chinesen der Beginn eines neuen Morgens) erweist jedes Familienmitglied den Ahnen vor dem Hausaltar Reverenz. Danach bieten die Kinder ihren Eltern Tee an, während die Eltern ihren Kinder *hong bao* schenken.

Um **Mitternacht** ertönt ohrenbetäubender **Lärm** (früher verursacht durch – die heute verbotenen – Knallkörper), um alle bösen, auf der Lauer liegenden Geister zu verscheuchen. Man reißt sämtliche Fenster und Türen auf, um das neue Jahr einzulassen und die wohlwollenden Geister zu begrüßen, die das Glück herbeibringen.

Am **ersten, zweiten und vierten Tag des neuen Jahres** besuchen sich Verwandte und Freunde, um gemeinsam zu essen, zu trinken und einander Glück und Wohlstand zu wünschen. **Am dritten Tag sind Besuche unerwünscht.** Viele Chinesen bleiben dann zu Hause, weil sie überzeugt sind, daß es Streit gäbe, wenn sie ausgingen. Der **vierte Tag ist ein traditionsreicher Tag für Geschäftsleute**; gewöhnlich laden sie dann ihre Angestellten zu einer großen Feier ein. An diesem Tag werden aber auch Angestellte, denen im Laufe des Jahres gekündigt werden soll, davon unterrichtet. Manche Feiern dauern bis zum **15. Tag des ersten Mondmonats**, dem offiziellen Ende aller Neujahrsfeiern, an.

## *Hong bao* zu Neujahr

• Es ist üblich, chinesischen *amah* **oder Angestellten** ein *hong bao zu* geben. Chinesische Warenhäuser führen die benötigten roten Umschläge. Ihre Angestellten haben einen zusätzlichen Monatslohn verdient, wenn sie wenigstens ein volles Jahr für Sie gearbeitet haben, einen halben Monatslohn, wenn sie erst seit kürzerer Zeit bei Ihnen beschäftigt sind.
• Es bringt besonders viel Segen, wenn man **bankfrische Geldscheine in gerader Anzahl und geraden Beträgen** erhält: 2, 4, 6 Dollar usw. So kann sich auch niemand über »altes«, »schmutziges« oder »unansehnliches« Geld beklagen. Diese Ausdrücke locken Unglück an und sollten während der Neujahrstage nicht in den Mund genommen werden. Unachtsam geäußert, können sie Unheil nach sich ziehen. Schenken Sie einem **Kind** ein *hong bao*, so kann man ihm durchaus einen 1-Dollar-Schein geben, solange Sie eine 10-Cent-Münze dazulegen.
• **In chinesischen Familien erhalten ein *hong bao*:** Kinder, unverheiratete junge Leute, Familienmitglieder, die jünger sind als der Schenkende. Das heißt, der Großvater gibt dem Sohn und dem Enkel; der Sohn gibt den Kindern – seinen eigenen sowie Neffen, Nichten usw. Die Geldgaben gelten als Glücksgeld.
• Einem **Regierungsbediensteten**, wie etwa dem Müllmann oder Briefträger, sollten Sie **kein *hong bao*** schenken.
• Gewöhnlich erhalten **Friseusen, Haarschneider** usw., wenn man sie zu dieser Zeit aufsucht, ebenfalls ein *hong bao*.

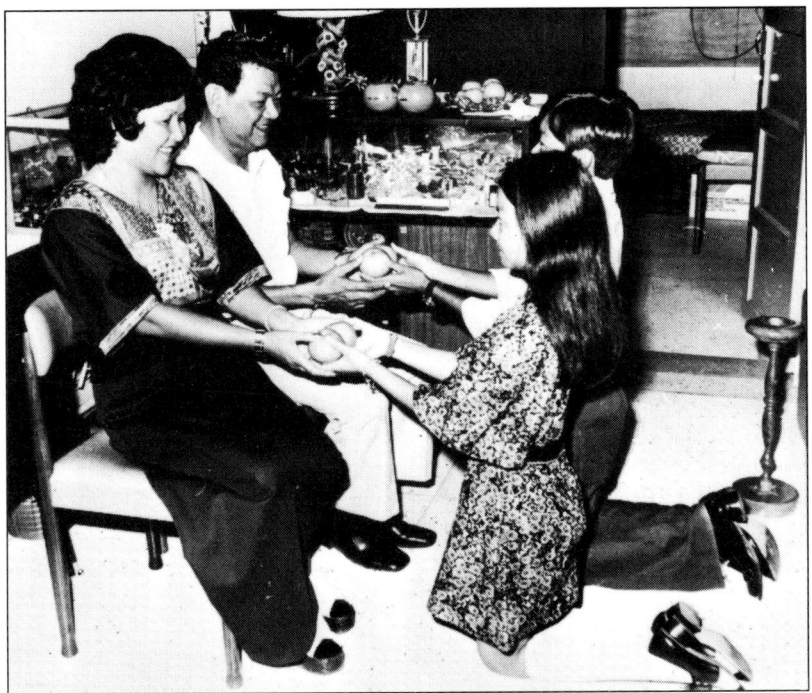

*Von Kopf bis Fuß neu eingekleidet, ehren diese Kinder ihre Eltern mit dem Glückssymbol Mandarinen.*

## Chinesisches Neujahr – Tips für Besucher

Während der Festtage zum chinesischen Neujahrsfest ist ein jeder (der im Ausland weilende Europäer ebenso wie der ortsansässige Inder, Malaie und andere) ein wenig Chinese. Diesem Fest widmen wir so viel Raum, weil **ausländische Besucher hierbei unweigerlich mit Chinesen in Kontakt kommen**.

• Es ist wichtig, spätestens **am Silvesterabend sämtliche Schulden zu begleichen**. Falls Sie sich länger im Lande aufhalten, vergewissern Sie sich also, daß Sie Ihre *amah*, den Lebensmittelhändler, Fahrer, Zeitungsboten usw. entlohnt oder bezahlt haben.

• Auch **ausländische Geschäftsleute** sollten ihren chinesischen Angestellten während dieser Feiertage **vier Tage Urlaub** gewähren, und zwar von Silvester bis zum dritten Tag des neuen Jahres einschließlich.

• Auch hier gilt: **Geschenke immer paarweise vergeben**. Weinbrand ist ein beliebter Geschenkartikel, doch legen Sie stets etwas anderes hinzu, eine Schachtel mit Süßigkeiten, ein Fläschchen Alkohol o.ä. Ein weiteres verbreitetes Geschenk ist der »Freßkorb«.

• **Werden Sie eingeladen,** zum Beispiel zum Tee, so gehört es sich, als **Gastgeschenk** Mandarinapfelsinen mitzubringen. Ihre goldähnliche Farbe verheißt Glück und Wohlstand. Möglicherweise geben Ihnen Ihre Gastgeber zwei Apfelsinen wieder mit auf den Heimweg, damit auch Ihnen das Glück hold ist. Nach der Einladung zum Tee sollte der Besucher für das Dienstmädchen ein *hong bao* unter die Tasse legen. Sind Sie zu einem Dinner eingeladen, sollten Sie am Ende des Mahls unter den letzten Teller ein *hong bao* für das Dienstmädchen schieben.

• **Besuchen Sie auf keinen Fall am dritten Tag des Neujahrsfestes chinesische Freunde und Bekannte.** Denn Chinesen glauben, daß an diesem Tag Streit ausbrechen könnte. Viele Chinesen gehen gar nicht aus, weil sie fürchten, daß sich in den Straßen Teufel tummeln.

• Tragen Sie nach Möglichkeit **keine schwarze Kleidung,** wenn Sie während des Neujahrsfestes Chinesen besuchen. Schwarz ist eine Unglücksfarbe.

• Sollten es Ihnen nicht möglich sein, chinesische Bekannte oder Geschäftsfreunde während der ersten 14 Tage zu besuchen, so **rufen Sie sie wenigstens an,** um ihnen *gongxi facai* (»Viel Glück und Wohlstand«) zu wünschen.

---

### Tu! und Tabu!
### Tips für das chinesische Neujahr

• Es dürfen **keine »unglückseligen« Worte** fallen.
• **Besen** sollte man verstecken und nicht gebrauchen; man würde mit ihnen alles Glück von dannen kehren.
• **Im Haushalt sollte nichts zerbrechen.** Gehen Sie deshalb mit Tassen, Gläsern und besonders Spiegeln behutsam um. Wenn etwas zu Bruch geht, vor allem ein Spiegel, bedeutet dies, daß die Familie getrennt wird oder der Tod sie heimsucht.
• **Alte Kleider** werden nicht angezogen.
• **Nadeln und Scheren** sollte man ebenfalls nicht verwenden, da sie angeblich Pech bringen.
• Am Neujahrstag sollten **Kinder weder getadelt noch bestraft** werden.
• **Haare** sollten während dieser Tage nicht gewaschen werden, um nicht die Glücksgeister davonzuschwemmen.
• **Regen am Neujahrstag** deutet auf ein Jahr ohne Trockenheit hin.
• Ein **Spielgewinn** sagt Spielglück für das kommende Jahr voraus.

# Sitten und Gebräuche der Malaien

*Trotz Verstädterung und Modernisierung ist es den Malaien insgesamt gelungen, ihre Werte und Traditionen zu bewahren.*

## Die Menschen

Die Malaien stellen 15% der Einwohner Singapurs und 35% der Einwohner Malaysias. Die Malaien sind **freundliche** Menschen. **Höflichkeit** und **angenehme Begegnungsformen** bestimmen wesentlich ihren Alltag. Diese Werte spiegeln sich in der Art des Umgangs untereinander und gegenüber Fremden wider – sie begegnen ihren Mitmenschen mit Respekt und Achtung. Nur wenige Besucher verabschieden sich von Malaien, ohne von der empfangenen Freundlichkeit überwältigt zu sein. Malaien besitzen einen ausgeprägten **Gemeinschaftssinn**. Freunde, Verwandte und Nachbarn fühlen sich verantwortlich, einander in Zeiten der Freude nahe zu sein und in Bedrängnis und Leid zu helfen.

Obwohl die Verstädterung und Modernisierung den Lebensstil der Malaien in Singapur und in Malaysia stark verändert haben, ist es der malaiischen Gemeinschaft insgesamt doch gelungen, ihre Werte und Traditionen zu bewahren. Die jüngere Generation folgt, obgleich »moderner« gesonnen als

77

ihre Elterngeneration, weiterhin den **uralten Traditionen der Gastfreund-schaft, Höflichkeit und Etikette**, die einen wesentlichen Teil der malaiischen Persönlichkeit ausmachen.

Die Malaien in Singapur und Malaysia bekennen sich zum **Islam**, ihre Religion formt die Grundlagen ihres Alltagslebens. Als Muslime rezitieren die Malaien ihr Glaubensbekenntnis: »Es gibt keinen Gott außer Allah, und Mohammed ist sein Prophet«, verrichten sie fünfmal am Tag ihre Gebete und verehren Allah als den einen wahren Gott, praktizieren sie Nächstenliebe und helfen sie den Bedürftigen, fasten sie während des Fastenmonats *Ramadan*, und falls möglich, pilgern sie einmal im Leben nach Mekka.

**Als Muslime sind den Malaien durch die Gesetze ihrer Religion manche Dinge *haram* (verboten):** Daher nehmen Muslime weder **Schweinefleisch** noch **Alkohol** noch verschiedene andere Speisen zu sich, und sie dürfen auch nicht mit der Nase, dem nassen Fell oder der Zunge von **Hunden** in Berührung kommen. Es ist für **Frauen** ebenfalls *haram,* im Gebetsraum der Moschee mit den Männern zusammenzusitzen, auch nur versehentlich Angehörige des anderen Geschlechts zu berühren und freizügige Kleidung zu tragen.

Daneben finden wir **Verhaltensweisen, die *makruh* (erlaubt, aber nicht gern gesehen) sind**, wie Rauchen und der Verzehr von Krabben oder Schalentieren.

Das ethische System der Malaien beruht auf dem Konzept des *budi*. Es setzt **Regeln für das erwartete Verhalten in idealer Form**: Respekt und Höflichkeit (besonders den Älteren gegenüber), Zuneigung und Liebe zu den Eltern, eine freundliche Grundhaltung sowie Frieden und Harmonie innerhalb der Familie, Nachbarschaft und Gesellschaft als Ganzes.

Das *budi* besteht auf zwei Ebenen, als:
• *Adab* (auf der persönlichen Ebene): Das Individuum besitzt allzeit und allen Menschen gegenüber eine eigene Verantwortung für Höflichkeit in Worten, Taten und Handlungen.
• *Rukun* (auf der gesellschaftlichen Ebene): Das Individuum muß sich so verhalten, daß innerhalb der Familie, Gemeinschaft oder Gesellschaft Harmonie erreicht wird.

Das Konzept des *budi* kann als **Verinnerlichung des sozialen Gewissens im Individuum** angesehen werden. Es ist der Maßstab für die Vornehmheit seines Charakters. Sein Ruf und Status innerhalb der Gesellschaft entsprechen dem eigenen *budi*.

Während die Malaien, insgesamt betrachtet, das Streben nach Wohlstand, Macht und Prestige zum eigenen Vorteil nicht sehr schätzen, bewerten sie doch Fleiß, harte Arbeit und Selbstbewußtsein sehr hoch. Sie sind der Meinung, daß das Leben eine gar flüchtige Erscheinung sei und daß die **Verantwortung für Familie, Freunde und Gemeinschaft** den Vorrang genieße vor dem Verfolgen eigensüchtiger Interessen wie der Profitmaximierung und dem Materialismus.

*Die Malaien in Singapur und Malaysia sind Muslime; die Religion bildet die Grundlagen des Alltagslebens (hier: Moschee in Kuala Lumpur).*

Die Malaien sind sehr **kinderlieb**. Die Erziehung ihrer Kinder geschieht auf eine freundliche und sanfte Weise und veranschaulicht besonders gut die Wesensart der Malaien. Babys werden gehätschelt und geliebt. (Allerdings küssen sie die Kleinen nicht auf westliche Art, sondern drücken die Nase mit leicht schnüffelnden Geräuschen seitlich an die Wange des Kindes, eine *cium* genannte Liebkosung.)

Bei den Malaien spielt der **Vater** in der Kindererziehung eine ebenso große Rolle wie die Mutter. Der Vater verbringt viel Zeit damit, sein Kind in den Armen zu halten, mit ihm zu spielen, es herumzutragen und in den Schlaf zu wiegen. Setzt ein malaiischer Vater sich für eine kurze Verschnaufpause hin, wird sein kleines Kind unverzüglich und ungestraft auf seinen Schoß klettern.

Kinder werden durch Vorbilder und Lob erzogen; Prügel sind verpönt. **Der Respekt zwischen Eltern und Kindern beruht auf Gegenseitigkeit.**

Westliche Besucher rührt oftmals die Achtung, die malaiische Kinder ihren Eltern entgegenbringen.

**Eine malaiische Frau ist dezent, sittsam und dennoch attraktiv gekleidet.** Das traditionelle Gewand verhüllt den ganzen Körper, ausgenommen Gesicht, Hände und Füße. Selbst in modernen Städten wie Singapur und Kuala Lumpur kann man heute noch Frauen in ihrem *baju kurung* (einer langärmeligen, über einem *sarung* getragenen Bluse) sehen. Eine verheiratete Frau trägt oft einen *sarung kebaya,* eine enganliegende Bluse mit Spitzen und Borten über einem *sarung.* (Malaiische Männer vergleichen ihre Figur daher gern anerkennend mit jener einer Gitarre.)

Weil malaiische Frauen im Gebetsraum der Moschee von den Männern getrennt sitzen müssen und ihnen nicht erlaubt ist, sich gelegentlich unter die Männer zu mischen oder mit ihnen zu essen, meinen viele Europäer, Frauen würden mit Füßen getreten. Dies trifft jedoch nicht zu. Malaiische Frauen besitzen in der Regel **hohes, mit zunehmendem Alter wachsendes Selbstbewußtsein.** Sie sind stark und zuverlässig und fürchten keine mühsame Arbeit (besonders jene aus dem Staat Kelantan in Malaysia nicht).

Da **Goldschmuck** nicht nur als Zierde, sondern auch als Geldanlage geschätzt wird, geben malaiische (doch ebenso indische und auch chinesische) Frauen Ersparnissse gern für goldene Halsketten, Armbänder und anderen Schmuck aus. Der Goldbesitz einer Frau zeigt den Wohlstand ihres Ehemannes an.

Selbst wenn Malaiinnen wichtige Entscheidungen ihren Ehemännern überlassen, üben sie doch wesentlichen Einfluß auf sie aus und stellen die **gesellschaftliche Kraft der Frauen** unter Beweis. Sie fühlen sich kaum je unterdrückt; achten und respektieren ihren Ehemann, fühlen liebevoll mit ihren Kindern und bleiben dabei dennoch ganz sie selbst – Wunschbild oder Traum?

Im folgenden haben wir zumeist die **ländlichen Sitten** aufgezeichnet, da viele Besucher die Gelegenheit wahrnehmen, in Malaysia über Land zu reisen. Auch die **Malaien in den Städten** beachten noch viele dieser traditionellen Sitten, doch je moderner und je vertrauter mit der westlichen Kultur sie sind, um so mehr nehmen sie westliche Verhaltensformen und Höflichkeitsregeln an, wenn sie europäische Freunde und Besucher treffen. Wenn sich die **ländlichen von den städtischen Sitten unterscheiden**, heben wir dies hervor.

## Verhaltenstips

### Vorstellen

Wie bei den Chinesen wird **der Name der ranghöheren Person vor jenem der rangniedrigeren** genannt, der der älteren vor jenem der jüngeren, der der Frau vor jenem des Mannes usw.

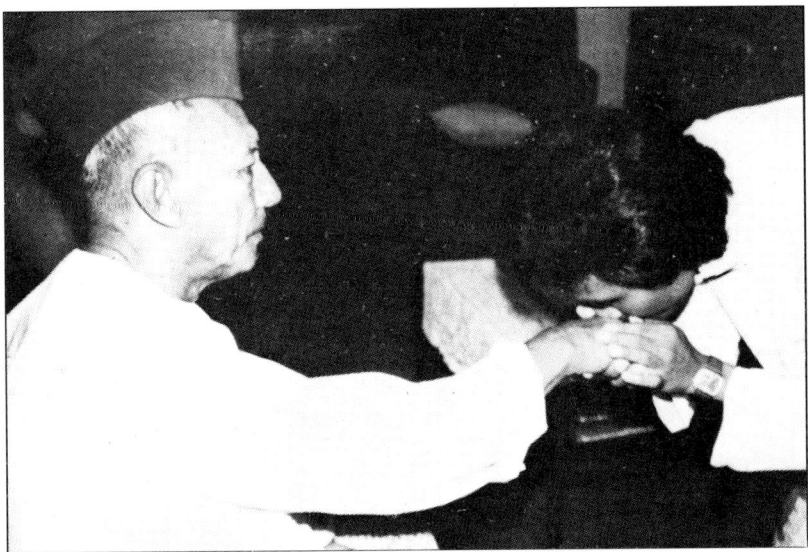

*Ein junger Malaie küßt ehrfurchtsvoll die Hand seines Großvaters und bittet*
*hierdurch um den Segen des Älteren.*
*Diese Geste erfolgt stets beim Abschied, vor allem vor einer Reise.*

## *Salam* oder Händeschütteln

• **Männer und Frauen auf dem Lande:** Es ist **nicht üblich, daß Männer
und Frauen sich die Hand reichen.** Malaiische Frauen können Männern
die Hand geben *(salam)*, wenn sie zuvor ihre Hand mit einem Tuch
bedecken. Der Grund liegt darin, daß Männer sich vor dem Gebet rituell reinigen müssen, wenn sie eine Frau berührt haben, und umgekehrt.

• **Männer und Frauen in der Stadt:** Malaien schütteln Männern und Frau-
en dann die Hand, wenn sie vermuten, daß ihrem Gegenüber die malaiischen
Grußformen unbekannt ist. (Sie brechen eher eigene Tabus, als die Gefühle
anderer zu verletzen.) **Malaien der jüngeren Generation** schütteln inzwischen zunehmend auch Angehörigen des anderen Geschlechts die Hand.
Dennoch ist es für eine **westliche Besucherin** gelegentlich angebrachter und
höflicher, nur mit dem Kopf zu nicken und freundlich zu lächeln, wenn sie
einem Malaien vorgestellt wird.

• *Salam* – **unter Männern:** Diese **traditionelle malaiische Begrüßung**
ähnelt dem Händeschütteln mit beiden Händen, jedoch ohne »handfesten«
Kontakt. Ein Mann reicht dem Bekannten beide Hände, berührt leicht dessen
ausgestreckte Hände und führt seine Hände alsdann an seine Brust. Damit

81

drückt er aus: »Ich grüße dich von ganzem Herzen.« Der Einsatz **beider Hände** spricht von erhöhter Ehrerbietung, besonders gegenüber **älteren Leuten**. **Jüngere Leute** begrüßen sich mit einem etwas beiläufigeren, mit nur einer Hand ausgeführten *salam*.

• *Salam* – **unter Frauen:** Frauen verwenden den eben beschriebenen Gruß, doch **auf dem Lande findet sich eine etwas abweichende Form**. Die Frauen lassen sich zunächst nieder, mit den Knien zur Seite, beide Füße unter dem Körper versteckt. Sie berühren leicht die Hände ihrer Bekannten zwischen ihren Händen, führen diese dann an ihr Gesicht, bedecken ihre Nase und ihren Mund auf eine Weise, die an die Handhaltung beim Gebet erinnert. Danach berühren sie mit der rechten Hand ihre Brust. Dabei kann man natürlich auch stehen. Diese Gestik ließe sich so übersetzen:»Ich küsse den Gruß, nehme ihn durch meinen Mund an und führe ihn an mein Herz.«

# Begrüßung

• Wenn Bekannte auf dem Land sich zufällig begegnen, ist der übliche Gruß die **beiderseitige Frage:** »Wo gehen Sie hin?« Die Antwort lautet: »Eine Runde drehen«, auch: »Nirgendwohin«. Diese Fragen bedeuten nicht etwa, daß die Malaien besonders neugierig wären und unbedingt erfahren möchten, was Sie vorhaben. Sie sind lediglich **höfliche Begrüßungsfloskeln**, ähnlich unserem Frage-Antwort-Spiel: »Wie geht's?«, »Danke, gut«.
• Eine andere **traditionelle, oft verwendete Grußform** lautet: »Ich wünsche Ihnen Frieden und Gelassenheit.« *(Selamat sejahtera ke atas anda.)* In der Stadt grüßen sich heute viele Malaien statt dessen mit dem westlichen »Wie geht's?« oder dem gebräuchlicheren »Wo gehen Sie hin?«
• Begegnet man einem malaiischen Bekannten, so ist es höflich, den Gruß mit **Fragen nach seiner Familie**, ihrer Gesundheit, seinen Kindern usw. zu ergänzen.

# Namen und Anreden

Die meisten Malaien **verfolgen ihre Abstammung über die väterliche Linie** zurück, verwenden traditionell aber **keinen »Familiennamen«**. Sie fügen den Namen ihres Vaters ihrem eigenen Personennamen hinzu. Dieser Name gilt dann **nur für eine Generation**.
**Beispiel:** Großvater: Isa bin Aman – Vater: Osman bin Isa – Sohn: Ali bin Osman.
• Einige Malaien leiten ihre **Abstammung von der weiblichen Linie** ab (so die Minangkabao); in Singapur ist dies nicht üblich.
• Erklärung des **Namens eines Malaien:**
**Beispiel:** Isa bin Aman. *Isa* ist der individuelle Name. Die Freunde nennen ihn Isa. Ausländer können ihn als »Mr. Isa« anreden. Seine malaiische Anre-

*»Ich grüße dich von Herzen.« Nach einer sanften Händeberührung führen die Frauen die Finger zur Brust. Beachten Sie, daß die junge Frau dazu aus Respekt beide Hände benutzt, während die alte Dame nur eine Hand bewegt..*

de lautet »Encik Isa«. *Bin* bedeutet »Sohn des …«. *Aman* ist der Name des Vaters, kein Familienname.

Beim **modernen Umgang** wird *bin* oft weggelassen und heißt Isa bin Aman also Mr. Isa Aman.

• Erklärung des **Namens einer Malaiin**:

**Beispiel:** Zaitun binti Abdullah (Ehefrau des Isa bin Aman). *Zaitun* ist der individuelle Name. Die Freundinnen nennen sie Zaitun. Ausländer sprechen sie mit »Mrs. Zaitun Isa« an. Malaien verwenden die Anrede »Puan Zaitun« *(puan* ist die Bezeichnung für eine verheiratete Frau). *Binti* bedeutet »Tochter des …«. *Abdullah* ist der Name des Vaters und ebenfalls kein Familienname.

Bei ihrer Heirat übernimmt eine Frau also nicht notwendigerweise den Namen des Ehemannes. Aus Traditionsgefühl kann sie den Namen ihres Vaters beibehalten. Jedoch ersetzen immer mehr Frauen den Namen ihres Vaters durch jenen ihres Ehemannes, zum Beispiel: Mrs. Zaitun Isa Aman. **Wenn Sie nicht genau wissen, wie Sie einen malaiischen Bekannten anreden sollen, können Sie ihn getrost fragen.**

# Kleidung

So bequem an heißen Sommertagen in dieser äquatornahen Region ärmelfreie Blusen und rückenfreie Kleider sind, sollten Sie sich doch, wenn Sie

Malaien in der Stadt oder eine dörfliche Gemeinde besuchen, besser »verschlossener« kleiden. **Tragen Sie auf keinen Fall knappe oder enganliegende Kleidungsstücke**, wenn Sie sich in den Städten oder *kampung* (Dörfern) Malaysias bewegen. Malaien nehmen ihre Religion sehr ernst; **dezente Kleidung ist ein Teil ihrer religiösen Kultur.**

Besucher Malaysias sollten die Gebräuche und den Glauben der Bewohner respektieren und nicht durch allzu freizügige Kleidung Körperteile öffentlich zur Schau stellen. **Frauen** sollten bei einem Besuch in einem malaiischen Haus oder einer malaiischen Gemeinschaft also nicht tragen: Shorts, kurze Hosen, Mini-Röcke, Bikinis, rückenfreie Oberteile, Hemden und Kleider ohne BH sowie Kleider, die die Achselhöhlen offenlegen.

## Hunde

**Muslimen ist es nicht erlaubt, mit der Nase, dem feuchten Fell oder der Zunge eines Hundes in Berührung zu gelangen.** Es erregt ihren Abscheu, wenn ein Hund sie anspringt oder auf sie springt. Dieser Widerwille ist religiös begründet. In einem malaiischen Dorf werden Sie daher zwar viele Katzen, kaum aber Hunde bemerken. Halten Sie sich länger vor Ort auf und einen Hund als Haustier, so sollten Sie, wenn ein Muslim Sie besucht, Ihren Hund in ein anderes Zimmer bringen.

## Glücksspiel

Malaien sollten sich keinem Glücksspiel hingeben; allerdings frönen sie zum Zeitvertreib durchaus kleinen Lastern wie Kartenspielen. **Spiele um Geld** sind ihnen jedoch **verboten**.

## Gesten und Berührungen

• Das **Zeigen mit dem rechten Zeigefinger** auf eine Stelle, einen Gegenstand oder gar eine Person ist verpönt; verwenden Sie statt dessen den Daumen der rechten Hand (und rollen Sie dabei die anderen Finger zusammen).
• Möchten Sie **eine Person oder ein Taxi heranwinken**, so benutzen Sie dazu die vier Finger der rechten Hand (Handballen nach unten) und winken, als wollten Sie etwas heranschieben, mit den vier Fingern zu sich hin.
• Verkneifen Sie es sich, **Kindern den Kopf zu tätscheln.** Der Kopf gilt als Sitz der geistigen Kräfte, daher als heilig und soll nicht berührt werden. Wenn Sie Ihre Zuneigung ausdrücken wollen, können Sie dem Kind über das Kinn streichen – allerdings **nur mit der »reinen« rechten Hand.** (Die linke Hand gilt als unsauber.) In den Städten beachten jüngere Malaien womöglich dieses Tabu nicht mehr, dennoch ist Rücksicht anzuraten.
• Malaysia-Urlauber sollten, besonders auf dem Lande, **nicht händchenhaltend oder eng umschlungen** durch die Straßen spazieren (dies gilt indes nur

*Verhüllende Kleidung gehört insbesondere auf dem Lande
zur islamischen Sittenvorstellung für malaiische Frauen.*

für Paare verschiedenen Geschlechts). Muslimen verbietet das Gesetz, sich **in der Öffentlichkeit zu küssen, zu umarmen oder auf andere Weise Zärtlichkeit auszudrücken.** Auch verheiratete Paare beachten diese Regeln.

• Das **Tabu zwischengeschlechtlicher körperlicher Berührungen in der Öffentlichkeit** bedeutet auch, daß Männer Frauen nicht mit Händen berühren sollten. Dies gilt auch für Verkäuferinnen in Geschäften und Läden, Kellnerinnen in Restaurants usw. Diese Gebote gelten auch für Singapur.

## Moschee-Besuche

• **Nicht-Muslime dürfen eine Moschee auch während des Gebets besuchen,** sollten sich selbstverständlich aber leise und respektvoll verhalten.

85

Gottesdienste finden am Freitagnachmittag statt.

• **Schuhe müssen vor Betreten der Moschee ausgezogen werden.** Muslime waschen ihre Füße vor dem Betreten der Moschee.

• Muslime müssen **mit dem rechten Fuß zuerst über die Schwelle** schreiten.

• **Gehen Sie nie vor den Betenden her.**

• **Betreten Sie nie die Gebetsnische,** den *mihrab,* am Kopf der großen Bethalle, die sich links vom Predigtstuhl, dem *mimbar,* befindet.

• **Frauen** dürfen nur **mit bedeckten Knien und Armen** die Moschee betreten.

• **Frauen,** auch nicht-muslimische Frauen, dürfen **während ihrer Menstruation** die Moschee nicht betreten. Inwieweit Sie sich in diesem Fall eine diskrete Sondergenehmigung ausstellen, dies bleibt Ihnen überlassen.

• Fragen Sie um Erlaubnis, wenn Sie **fotografieren** möchten.

• **Berühren Sie nicht den Koran,** das Heilige Buch.

• **Nach der Geburt eines Kindes** betreten muslimische **Frauen** 44 Tage lang keine Moschee.

## Die rechte Hand

• **Gegessen** wird **nur** mit der rechten Hand.

• **Überreichen oder nehmen Sie Gegenstände** nur mit der rechten Hand an. Dies geschieht mit einer traditionellen, anmutigen Geste: Man reicht den Gegenstand mit der rechten Hand und stützt sie dabei leicht mit der linken Hand am Handgelenk ab. (Ist die Last zu schwer, dann muß die linke Hand selbstverständlich helfen.) Die **linke Hand** wird nur zur Körperhygiene verwendet. Man reinigt mit ihr – und zwar mit Wasser anstelle des weit unhygienischeren Toilettenpapiers – nach dem Stuhlgang die Gesäßfurche. **Mit der linken Hand etwas anbieten kommt einer Beleidigung gleich.**

## Rauchen

Obwohl ihre religiösen Gebote den Muslimen das Rauchen nicht verbieten, sollten Sie selbstverständlich **in einem malaiischen Haus stets um Erlaubnis bitten, ehe Sie sich eine Zigarette anstecken.** Dies gilt auch für Singapur bei Anwesenheit älterer Menschen. Die jüngeren Leute scheren sich weniger darum, ob ihre Gäste rauchen oder nicht.

## Tips für Besuche in einem malaiischen Haus

### *Adab* von Gastgeber und Gast

• Nach dem malaiischen *adab* ist **der Gastgeber für das Wohlbefinden seines Gastes verantwortlich.** Daher wird er seine Gastfreundschaft nach

*Malaiische Männer mit vorgeschriebener Kopfbedeckung auf dem Weg zum
Freitagsgebet in der Moschee.*

Kräften beweisen, denn sie ist Widerspiegelung seines guten Namens und
seines Charakters.

• Da Sie sich als Gast für die Dauer Ihres Aufenthalts in die Hände Ihres
Gastgebers begeben, gehört es sich, **ihn zu informieren, wenn Sie etwas
auf eigene Faust unternehmen,** z.B. für einen Spaziergang oder Einkäufe
das Haus verlassen.

## Schuhe

• **Bei Betreten eines malaiischen Hauses legt man stets die Schuhe ab.**
Schuhe könnten mit »Unreinem«, Hundekot etwa, in Berührung gelangt
sein. Tragen Sie Ihre Schuhe auch nicht in der Diele.

• **Wenn der Gastgeber Sie ermuntert, Ihre Schuhe getrost anzubehalten,** sollten Sie sich mit einem Blick schnell vergewissern, ob die Familienangehörigen dies ebenfalls tun. Gewöhnlich tragen sie im Hause besondere
Pantoffeln, die man jedoch nicht mit Straßenschuhen verwechseln sollte.

• Lassen Sie in einem *kampung* Ihre Schuhe draußen auf den Hausstufen.

• Stellen Sie **vor Betreten einer Etagenwohnung** Ihre Schuhe links oder
rechts von der Eingangstür ab.

• In **manchen ländlichen Gegenden** entdecken Sie vielleicht heute noch
neben den Eingangsstufen einen Krug mit Wasser zum Füßewaschen. Dies
ist inzwischen allerdings äußerst selten der Fall, da selbst in der »tiefsten
Provinz« außerhalb des Hauses Schuhe getragen werden.

# Füße

Die **Schuhsohlen** sollten **niemals sichtbar** sein. Legen Sie daher Malaien gegenüber auf keinen Fall die Füße auf den Tisch. Schlagen Sie auch nicht die Füße so übereinander, daß die Schuhsohlen sichtbar werden. Dies käme einer schweren Beleidigung gleich.

# Sitzen

• Viele malaiische Häuser sind im westlichen Stil mit Stühlen und Sofas eingerichtet. Dennoch sitzt man oft auf farbigen Matten auf dem Boden. **Setzen Sie sich nicht auf den erstbesten Platz**; warten Sie, bis Ihr Gastgeber Sie dazu auffordert und Ihnen einen Platz zuweist. **Steigen Sie nicht über eine Person hinweg**, die bereits auf dem Boden Platz genommen hat. Malaien sitzen gewöhnlich nicht mit ausgestreckten Beinen auf dem Boden.
• Malaien **schlagen ihre Beine nicht übereinander**, wenn sie auf einem Stuhl sitzen und ältere oder respektierte Personen anwesend sind. Dies gilt sowohl in der Stadt wie auf dem Land.
• Für das **Sitzen auf dem Boden** gelten unterschiedliche ländliche und städtische Gepflogenheiten. **Auf dem Land** sitzen die Männer mit gekreuzten Beinen, Frauen dagegen stets mit den Knien zu einer Seite und die Füße unter dem Gesäß weitgehend versteckt. Bei feierlichen Anlässen wie etwa Hochzeiten ist dies auch **in den Städten** üblich. Bei zwanglosen Treffen im Hause von Freunden aber können, sofern keine älteren Leute zugegen sind, männliche wie weibliche Gäste mit den Knien hoch, tief oder zur Seite sitzen.
• Bieten Sie auf dem Land einem Malaien **nie ein Kopfkissen zum Sitzen** an. Malaien glauben, es »könnte das Gesäß zum Kochen bringen«. Inder und Chinesen nehmen ebenfalls nicht auf für den Kopf bestimmten Ruhepolstern Platz.

### *Weitere Ratschläge für Gäste in einem malaiischen Haus*

• Ein Gast in einem malaiischen Haus sollte **nie auf dem Gebetsteppich stehen oder sitzen**.
• Er sollte **nie bitten, das Heilige Buch, den Koran, in die Hand nehmen zu dürfen**. Muslime müssen sich reinigen, ehe sie den Koran berühren.
• Es ist durchaus üblich und wird gern gesehen, wenn ein **weiblicher Gast der Frau des Gastgebers Hilfe im Haushalt anbietet**.
• Malaiische Familien schätzen **Logiergäste, die mit den Familienmitgliedern aufstehen** und nicht »bis in die Puppen« schlafen.
• Ein Gast sollte wissen, wie man **auf höfliche Weise an einer Person vorbeigeht**: Man beugt sich in der Hüfte leicht vornüber, streckt die rechte Hand aus, berührt das rechte Handgelenk mit den Fingern der linken Hand und

*Höfliches Überreichen geschieht nur durch die rechte Hand, während die linke leicht das rechte Handgelenk oder den Unterarm berührt.*

fragt dann: »Dürfte ich vorübergehen?« Es gilt als ungehobelt, sich unachtsam und wortlos an einer anderen Person vorbeizubewegen.

• **Frauen** sollten sich stets **zurückhaltend kleiden**, wenn sie ein malaiisches Haus besuchen oder dort als Logiergast wohnen.

## Gespräche

• In einer gemischten Gesellschaft spricht man **nicht über Sex** und reißt selbstverständlich auch **keine zweideutigen Witze**.

• Jüngere Personen sollte **ältere Menschen nie verbessern**, malaiische Kinder widersprechen ihren Eltern deshalb in der Öffentlichkeit nicht. Stimmt ein Sohn den Äußerungen seines Vaters nicht zu, so wird er ihn höflich um weitere Erklärungen bitten. Zum Beispiel: »Ich meine, es sei Dienstag und nicht Donnerstag gewesen, als die Gäste kamen. Was meinst du dazu, Vater?« Jüngere Leute achten sehr darauf, daß die älteren nicht »ihr Gesicht verlieren«. Daher bemühen sie sich, sie nicht in Verlegenheit zu bringen.

• **Jüngere Leute beteiligen sich im Beisein älterer Personen nur zurückhaltend an der Unterhaltung** und hören eher aufmerksam zu.

• Malaien verhalten sich sehr **diskret und sanft**: Sie **lachen nicht laut, sprechen und gestikulieren verhalten**. Ausländer sollten sich älteren

89

Malaien gegenüber zurückhalten, wenn sie nicht grobschlächtig erscheinen möchten. Doch auch in dieser Hinsicht hat die jüngere Generation in den Städten Hemmungen abgelegt, insbesondere wenn keine älteren Personen anwesend und sie unter sich sind.

## Körperpflege auf dem Land

• Im ländlichen Malaysia waschen sich **Männer und Frauen getrennt** am »Brunnen vor der Tür«. Gäste sollten ihrem Beispiel folgen und sich ebenfalls mindestens zweimal täglich waschen.
• **Frauen** wickeln sich in einen *sarung*, der Brust und Knie bedeckt. Sie schöpfen mit einem eigens zum Waschen bestimmten Eimer, der meist an einem Seil befestigt ist, Wasser aus dem Brunnen. **Der *sarung* wird während des Waschens nicht abgelegt.** Auch die Haare werden üblicherweise jeden Tag gewaschen. Alsdann streifen sie einen trockenen *sarung* über das nasse Gewand, von dem sie sich danach in fliegendem Wechsel geschickt befreien.
• **Männer** tragen den *sarung* **um die Hüfte** gewickelt und sollten sich nicht in Badehose oder Shorts waschen.
• Es gilt als ungehobelt und unhöflich, wenn **ein Mann einer Frau beim Waschen zusieht.**
• Achten Sie darauf, daß **weder Seifenschaum, Zahnpasta noch andere Waschartikel den Brunnen verschmutzen.** Denn sein Wasser dient (nach dem Abkochen) auch als Trinkwasser. Malaien bemühen sich sehr, ihr Brunnenwasser sauber und rein zu halten. Sie müssen sich vor den Gebeten mit klarem Wasser reinigen.
• **Sollte Ihnen der Eimer einmal in den Brunnen fallen**, so können Sie ihn mit einer langen Stange, an deren Ende ein Haken befestigt ist, herausfischen. Meist findet sich diese Angel unter dem Dachgesims des Hauses.

## Körperpflege in der Stadt

• Fehlt im Haushalt eine **moderne Duscheinrichtung**, dann finden Sie zumeist **Eimer und Schöpfkelle** vor, mit denen Sie sich nach traditioneller Weise »duschen« können.

## Toiletten

**Auf dem Land** entdecken Sie meist eine **Hocktoilette** in einer abgeschlossenen Hütte, die zum Haus den notwendigen Abstand hält. Füllen Sie am Brunnen einen Eimer mit Wasser, und nehmen Sie ihn mit zur Toilette. Es ist selbstverständlich sauberer, sich mit Wasser statt mit Papier zu reinigen. Zudem ist diese Form der Reinigung religiöse Vorschrift. **Toilettenpapier** ist in keinem Fall vorhanden.

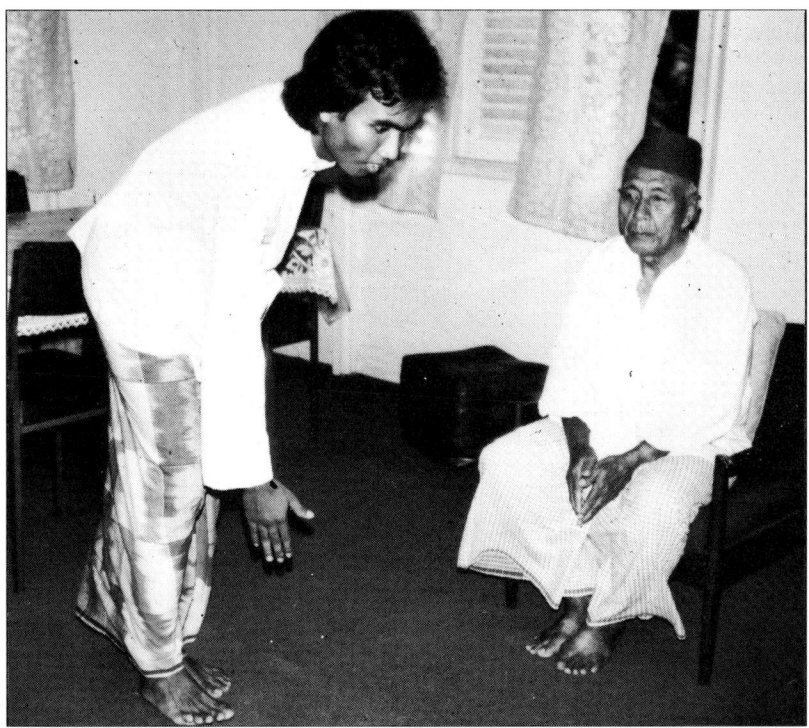

*Ein rücksichtsvoller Malaie bewegt sich nie ohne diese höfliche Geste an einer ranghöheren Person vobei.*

**Jetzt** darf, ja soll, die **linke Hand** benutzt werden! Und dies erklärt, weshalb die Malaien (und die Inder) sie beim gesellschaftlichen Umgang ungern einsetzen. **In den Städten** befindet sich normalerweise in der Wohnung eine Hocktoilette. Die Reinigung geschieht wie auf dem Land.

## Abschied

Neigt sich Ihr Besuch dem Ende zu, sollten Sie Ihren Gastgeber **um Erlaubnis bitten, sein Haus verlassen zu dürfen.** In Malaysia fragt der Gast in wörtlicher Übersetzung: »Darf ich mich selbst zurücknehmen?« In der Stadt kann man bitten: »Darf ich jetzt gehen?« oder ankündigen: »Ich möchte jetzt gerne gehen.«

## Tips für (Gast-) Geschenke

• Aufmerksame Gäste bieten der Hausfrau ihre **Hilfe beim Einkaufen** an: »Wollen wir gemeinsam einkaufen gehen?« Der Gastgeber erwartet nicht,

91

daß ein Gast Lebensmittel kauft, doch er weiß dieses Angebot als höfliche Geste zu schätzen.

• Es **beleidigt** malaiische Gastgeber, wenn man ihnen **Geld anbietet**.

• Überreichen Sie Ihre Gastgeschenke **nicht bei Ihrer Ankunft, sondern vor Ihrer Abreise**.

• **Auf dem Land** freut sich Ihre Gastgeberin über eine **Batik** aus Indonesien. Wer befürchtet, damit Eulen nach Athen zu tragen, sollte wissen, welch hohe Bedeutung Batik im Leben der Malaien spielt. Sie begleitet fast alle Lebensphasen. Batikarbeiten finden Verwendung als *sarung*, Tragetuch oder Schaukel für Babies, Badeanzug, Schlafanzug und schließlich als Leichentuch. Wählen Sie ein besonders schönes Stück, **vorzugweise in kräftigem Rot, Orange oder Grün**. Vermeiden Sie dunkle, gedämpfte Farben wie Braun, Grau oder Marineblau, aber auch die Farbe Weiß, die mit Beerdigungen in Verbindung gebracht wird. Ihre Gastgeberin wird eine gute Batik, deren Qualität am auch am Geruch des Wachses zu erkennen ist, stets schätzen.

• Willkommene Geschenke sind für die Gastgeberin auch **Parfum** und **Toilettenwasser**, für die Kinder **Spielzeug**. Malaiische Kinder werden geliebt und gehätschelt. Sie können sich die Zuneigung der Malaien erobern und sichern wenn Sie liebevoll und aufmerksam mit den Kindern umgehen.

• Malaiische **Männer** schätzen **Baumwollhemden** mit Kragen und einen gestreiften oder buntkarierten **Männer-*sarung*** aus Baumwolle. (Zum Gebet legen sie gern neue *sarung* an.)

• **In den Städten**, so etwa Singapur, würde eine Batik aus Indonesien Ihren Einfallsreichtum allerdings nicht belegen, da sie dort leichter zu erwerben ist. Auch ecken Sie bei modernen, städtischen Malaien mit Weiß oder dunklen Tönen weniger an. Hier wären ein Geschenk zur Verschönerung des Heims oder ein **Mitbringsel aus Ihrem Heimatland** geeignet.

## Allgemeine Geschenktips

• Malaien nehmen Geschenke gerne an und **revanchieren sich oft mit einer Gegengabe**. Überreicht Ihre malaiische Gastgeberin Ihnen ein Stück aus dem eigenen Kleiderbestand, etwa einen *baju kurung*, so behandelt sie Sie damit wie ein Familienmitglied, was Sie als besondere Ehre verzeichnen dürfen.

• Für Malaien wäre es **unhöflich, ein Geschenk vor den Augen des Schenkenden zu öffnen**. Der Gastgeber nimmt es erfreut entgegen, zeigt das Päckchen seiner Frau und legt es dann beiseite, bis der Gast gegangen ist. Selbst Kinder öffnen Geschenke nicht vor den Augen anderer.

• Es bestehen keine starren Empfehlungen für Geschenke an Malaien. Sie sollten dabei jedoch die **Verbote des Islam** bedenken und von Schweinefleisch, Alkohol, Aschenbechern, »intimen« Geschenken (wie Unterwäsche), Messern, Spielzeughunden o.ä. Abstand nehmen.

*Aus der malaiischen Küche:*
**Sambal udang** *(Chili-Garnelen)*, **sambal sotong** *(Chili-Tintenfisch) und*
**kangkong tumis belacan** *(gebratene Wasserwinden)*

## Essen und Trinken

• Für **Muslime** ist der **Verzehr von Schweinefleisch absolut** *haram* (**verboten**). Schweinefleisch gilt als unrein und wird wissentlich nicht berührt, verwertet oder gegessen. Wer eine malaiische *amah* beschäftigt, sollte von ihr nie verlangen, Schweinefleisch oder verarbeitete Schweinefleischprodukte zuzubereiten.

• Die **Verbote des Islam** betreffen auch **alle anderen Fleischsorten** wie Rind, Lamm oder Huhn, sofern sie **nicht von einem Muslim geschlachtet** wurden. **Laden Sie einen Muslim zum Essen ein**, so haben Sie ihm mitzu-teilen, daß das Fleisch nach den Vorschriften des Islam gekauft und zuberei-tet wurde. Die **Regierungsmärkte** verkaufen das islamische Vorschriften erfüllende Lamm- und Rindfleisch. In **Supermärkten** weisen auf der Ver-packung das Wort *halal* und ein grüner Halbmond mit Stern deutlich darauf hin, daß dieses Fleisch den muslimischen Regeln entspricht. Geschlachtete Hühner dürfen Sie für muslimische Gäste nur von einem Muslim beziehen, lebende Hühner von jedermann, die dann aber ein Muslim schlachten muß, der zuvor die rituellen Gebete gesprochen hat. Ihr Lieferant besorgt Ihnen auf Anfrage den muslimischen Vorschriften genügendes Fleisch.

• **Auch die folgenden Fleischsorten sollte man einem Muslim nicht anbieten**: Tiere, die im Wasser leben, wie Frosch und Ente; fleischfressen-de Tiere und Vögel wie Tiger, Bären, Adler und Haie; kriechende und schleichende Tiere wie Schlangen und Eidechsen; Eichhörnchen und Meer-schweinchen. Aber von diesen ausgefallenen Spezialitäten stehen vermut-lich die meisten auch nicht auf Ihrem Speisezettel …

• Zu den **Lebensmitteln, die unter die *Makruh*-Kategorie (»nicht emp-fehlenswert«) fallen**, zählen Krabben und andere Schalentiere aus dem Meer. Erkundigen Sie sich daher besser vorher bei Ihren Gästen, wenn Sie diese Speisen auftragen möchten.

• **Alkohol** ist für Muslime ebenfalls *haram*. Bieten Sie Malaien daher alko-holfreie Getränke an. **Erwarten Sie nicht, daß man Ihnen in einem musli-mischen Haushalt Alkohol anbietet.**

• Malaien mögen in aller Regel keinen **Käse** und nehmen nach dem Essen meist auch kein **Dessert** zu sich. Jedoch gebietet dem malaiischen Gast sein *adab*, jede Speise zu kosten, die ihm sein Gastgeber anbietet, solange kein religiöses Verbot ihn davon abhält. Er wird von allen vorgesetzten Speisen zumindest einen kleinen Happen nehmen.

• Malaien schätzen mit **Fisch-Paste** *(balacan)* oder Anchovis abgeschmeck-te Speisen, **scharf gewürzte** Gerichte, **Curries**, **gekochte Gemüse** und ganz besonders **Huhn**. (Huhn wird für besondere Gäste aufgetragen.) Den **Reis** lieben sie ungesalzen und schließen ein Mahl gern mit frischem **Obst** ab.

• Es zählt zur malaiischen Höflichkeit, daß **der Gastgeber seinen Gast zum Essen auffordert** und dieser erst danach zu essen oder trinken beginnt.

• Ein **Teller mit Salz** auf dem Tisch eines Malaien dient nicht allein als schnöde Speisewürze. Er ist vielmehr **Symbol der Freundschaft**. Bietet Ihnen der Gastgeber Salz von diesem Teller an, so tippen Sie den Zeigefin-ger Ihrer rechten Hand in den Teller und lecken das Salz. Diese Geste besie-gelt die Freundschaft. (Anmerkung: Salz wird einem *bomoh,* einem einhei-mischen Schamanen, angeboten, nachdem er einen Menschen geistig oder körperlich zu heilen versucht hat; das Salz soll ihm die Kraft und Energie zurückgeben, die er während der Behandlung verbraucht hat. Ein Schüler bietet seinem Lehrer am Ende eines Lehrgangs Salz als Ersatz für das Wis-sen an, das der Lehrer ihm vermittelt hat. Wenn ein neugeborenes Baby mit seinen Eltern zum erstenmal in ein malaiisches Haus kommt, legt ihm die Gastgeberin eine kleine Prise Salz auf die Zunge. **Das Salz symbolisiert Kraft und Weisheit.** Man bittet jedoch nie darum, es sollte freiwillig angeboten werden.)

# Tischsitten

### Gedeck
• Moderne Malaien **in den Städten** verfügen gewöhnlich über **Tische und Gedecke westlichen Stils.** Man legt Löffel und Gabel rechts neben die Reisschale, ein Messer fehlt. **Messer** erinnern Malaien an Waffen und werden deshalb bei Tisch nicht aufgelegt. Außerdem sind bei einem malaiischen Essen Messer schlichtweg überflüssig, da die Zutaten vor dem Garen in häppchengroße Stücke zerteilt werden.
• Ein Glas Wasser oder Saft steht links von der Reisschale. Die **linke Hand** hält das Glas zu, da die **rechte Hand** sich um die Speisen kümmert. Servierschüssel oder -schalen befinden sich in der **Mitte des Tisches.**

### Sitzordnung
• **Auf dem Land** nehmen die Tischgäste **auf Matten auf dem Boden** Platz.
• Der **Ehrengast** wird gewöhnlich am Tischende oder zur Rechten des Gastgebers plaziert.
• **Auf dem Lande sitzen Männer und Frauen beim Essen nicht zusammen.** Die Frauen bedienen zunächst die Männer und speisen, nachdem diese gesättigt sind. Aus Gründen der Höflichkeit männlichen und weiblichen Gästen gegenüber, besonders wenn es sich um westliche Ausländer handelt, mag der malaiische Gastgeber Männer und Frauen gemeinsam zu Tisch bitten. Dann sitzen die Frauen zur Linken des Gastgebers und/oder zur Linken der Männer (im Uhrzeigersinn).
• In sehr **traditionsbewußten Häusern** nehmen **Gastgeber und Gastgeberin womöglich nicht am Essen teil.** Dies versetzt ihn in die Lage, sich vollkommen den Gästen zu widmen, und ermöglicht seiner Frau, die Gäste fürsorglich zu bewirten. **Der Gastgeber schenkt seinen Gästen höchste Aufmerksamkeit.** Er sitzt in gespannter Erwartung leicht vornübergebeugt und beobachtet die Gesichter seiner Gäste sehr genau. Er vermittelt ihnen das Gefühl, all ihre Äußerungen seien von äußerster Bedeutung und verdienten bedächtige Überlegung.
• In **modernen Haushalten** essen Gastgeber oder Gastgeberin meistens mit den Gästen.

### Servier- und Eßgewohnheiten
Viele der beschriebenen Tischsitten werden **in ländlichen Gegenden streng beachtet. In den Städten** erwarten jüngere, mit der westlichen Kultur vertraute Malaien nicht, daß ausländische Gäste ihre Gewohnheiten ken-

nen. Dennoch ist es hilfreich, von ihnen zu wissen, **vor allem wenn Sie eine malaiische Familie besuchen**. So können Sie sich eher der Familie anpassen und stellen sich nicht von vornherein ins Abseits. Malaiische Gastgeber freuen sich aufrichtig. wenn ihre Gäste sich bemühen, die Gebräuche und Sitten des Landes kennenzulernen und zu verstehen. **Aufmerksamen Gästen wird so mancher Patzer verziehen** – bereits die Tatsache, daß man sich bemüht, läßt es einem Malaien warm ums Herz werden.

• Ein Malaie erweist einem Besucher bereitwillig Gastfreundschaft, indem er ihm Speis' und Trank anbietet. Der **Besucher darf diese Einladung auf keinen Fall ablehnen**. Es genügt, einen kleinen Bissen zu nehmen, wenn man nicht hungrig ist. Auf dem Land vermutet man hinter der Weigerung, Essen oder Getränk anzunehmen, womöglich die Furcht, die Nahrung könnte Krankheitserreger enthalten oder verwunschen sein. In der modernen malaiischen Gesellschaft allerdings interpretiert man eine solche Weigerung nicht als Angst vor Zauberei, sondern als **Zeichen schlechten Benehmens**.

• **Läßt es sich nicht umgehen, angebotene Speisen zurückzuweisen** (wegen Krankheit, Diät, Allergie, vegetarischer Lebensweise usw.), so sollten Sie **Ihre Gründe nennen**. Auf dem Land kann man das Angebot dann **ohne Kränkung ablehnen**, wenn man zuvor die Schale mit der Speise oder den Krug mit dem Getränk mit Zeigefinger oder Daumen der rechten Hand berührt hat. In früheren Zeiten besänftigte man so den Geist der angebotenen Speisen; wer diese beschwichtigende Geste vergaß, hätte den Geist erzürnen und sich dessen Rache zuziehen können. In der modernen Gesellschaft genügt es zu erklären, weshalb man die Speise oder das Getränk nicht annehmen möchte. Falls möglich, brechen Sie ein Häppchen des »Leckerbissens« ab und knabbern daran herum. Eine malaiische Redensart lautet: »**Lehne eine Speise oder einen Trank nie mit dem Gesicht ab, sondern nur mit dem Mund.**«

• Eine malaiische Gastgeberin wird Ihnen vielleicht vor dem Essen ein kleines **Tuch und eine Schüssel Wasser** reichen. Verwenden Sie dieses zum **Reinigen Ihrer rechten Hand** und nicht als Durstlöscher …

• **Traditionell** essen Malaien **nicht mit Löffel und Gabel, sondern den Fingern der rechten Hand**. Ihnen als westlichem Besucher wird man vermutlich Löffel und Gabel reichen. Dennoch sollten Sie sich einmal darin versuchen, mit den Fingern zu essen. Am besten führen Sie die Finger zu einer kleinen Schaufel zusammen und nehmen damit etwas von dem Gericht auf. Die Handinnenfläche sollte sauber bleiben. Neigen Sie sich ein wenig vor, und schieben Sie nun mit dem Daumen das Essen in den Mund. Die Zunge darf beim Aufnehmen der Nahrung etwas hervorlugen. Vermeiden Sie schmatzende Geräusche. Auch sollte man nicht das Essen in sich hinschlürfen, saugen oder die Finger ablecken.

• Die **linke Hand** darf zur Handreichung der Platten und Teller oder zum Halten des Glases benutzt werden. Ist jedoch ein Servierteller, den Sie weiterreichen wollen, zu schwer, so halten Sie ihn mit der linken Hand und stüt-

*Der Gastgeber bietet einem Gast die rituelle (und praktische) Möglichkeit,*
*die rechte Eßhand vor dem Mahl zu reinigen. Es kann statt dessen auch*
*eine kleine Fingerschüssel mit Waschlappen angeboten werden.*
*(Beachten Sie auch die korrekte Sitzhaltung:*
*Die Frau mit seitlich untergeschlagenen Beinen, der Mann im Schneidersitz.)*

zen diese mit der rechten ab. Eine solche **Umkehrung der »Handregel«** ist
hier erlaubt, da die rechte Hand beim Essen »verunreinigt« worden ist. Essen
Sie als Ausländer dagegen mit Löffel und Gabel, können Sie wie üblich mit
der rechten Hand Teller reichen und Ihr Glas halten.

• **Bei Tisch reicht man die Speisen von rechts nach links weiter.**

• Die Gerichte werden meist auf Servierplatten dargeboten. Jeder bedient
sich davon mit dem Servierlöffel. **Achten Sie darauf, die Speisen auf
Ihrem Teller nicht mit dem Servierlöffel zu berühren.**

• **Wenn Ihnen Ihre Gastgeber eine zu große Portion, vor allem an Reis,
auf den Teller legen**, dann löffeln Sie den überschüssigen Teil in die Ser-
vierschale zurück, **ehe** Sie mit dem Essen beginnen – andernfalls müssen Sie
alles vertilgen. Das Zurücklegen ist aber nur gestattet, wenn Ihr Teller noch
sauber ist und Sie noch keine Sauce oder Speisen auf den Reis gegeben
haben. **Wünschen Sie keinen Nachschlag**, halten Sie einfach Ihre Hand
über Ihren Teller und lehnen freundlich, etwa mit einem lächelnden »Nein,
danke«, ab.

• Sie sollten, selbst wenn Essen oder Getränke bereits vor Ihnen stehen, **erst
nach der Aufforderung des Gastgebers mit dem Essen oder Trinken
beginnen**. Im Gegenzug fordert auch der Gast, wenn er zu essen beginnt,
den Gastgeber dazu auf. Heben Sie die Schale oder den Teller (stellen Sie

97

den Teller auf dem flachen linken Handballen ab und halten Sie ihn mit der rechten Hand), wenden Sie sich zum Gastgeber und sagen Sie: »Bitte essen Sie doch auch!« Der Gastgeber bittet den Gast sodann, er solle »weitermachen«. Dies ist schließlich das **Zeichen für den Gast, mit dem Essen anzufangen**.

• In Malaysia – eigentlich aber in allen asiatischen Ländern – ist das **Vergeuden oder gar Wegwerfen von Essen verpönt**. Am Ende der Mahlzeit sollten Sie Ihren Teller geleert haben, um dem Gastgeber anzuzeigen, daß er Sie gesättigt hat. Auf dem Land wird den Kindern erzählt, der Reisgeist weine, wenn sie ihre Portion nicht aufäßen.

• Die **Gastgeber freut es stets, wenn ein Gast um Nachschlag bittet**; dies gilt – auf dem Land – als Zeichen des Vertrauens und – auch der Stadt – der Wertschätzung der angebotenen Speisen. Ein **gemäßigter Rülpser** nach der Mahlzeit ist ein kulinarisches Lob. Doch tun Sie des Guten nicht zuviel, wenn Sie diesem lustvollen Drang nachgeben.

• **Es ist tabu,** bei Tisch durch die Nase zu schnaufen, sich laut zu räuspern oder zu spucken.

## Tischgesellschaften

• Eine **Einladung zu einem großen Essen oder einer Feier** in einem malaiischen Haus wird meist **persönlich ausgesprochen**. Es gilt als **ungehobelt, eine telefonische Einladung auszuschlagen**. Die **Absage einer schriftlichen Einladung** hingegen wirkt weniger kränkend.

• Wenn ein Malaie einen Freund für »Samstag« um 19.30 Uhr in sein Haus einlädt, so meint er damit den Freitag (bei unveränderter Uhrzeit). Lassen Sie sich nicht verwirren! **Für Malaien beginnt ein neuer Tag bereits um 18.30 Uhr.** Und damit fängt für sie der Samstag bereits am Freitagabend um 18.30 Uhr an. **Vergewissern Sie sich also bei Ihrem Gastgeber, welcher Tag gemeint ist**, um Mißverständnissen vorzubeugen.

• Gäste treffen **pünktlich** ein oder **etwa zehn bis fünfzehn Minuten früher**. Kennt man die Gastgeber näher, so gilt es als höflich, daß weibliche Gäste ihre Hilfe bei den Vorbereitungen anbieten. **Auf dem Land** erwartet man, daß Freunde und Nachbarn rechtzeitig genug erscheinen, um bei den Vorbereitungen noch helfen zu können.

## Essen im Restaurant

**Es ist nicht üblich, daß Malaien Gäste in ein Restaurant einladen. Sie ziehen das eigene Heim vor.** Würde ein Malaie seine Gäste nicht zu sich nach Hause einladen, käme dies einer Entwürdigung seiner Frau gleich und einer durch die Blume ausgedrückten Mißachtung ihrer hausfraulichen Fähigkeiten.

# Rendezvous und Brautwerbung

In Singapur treffen sich im Arbeitsleben stehende oder studierende junge Leute zwar mit gleichaltrigen Freunden, doch **lockere Rendezvous**, wie wir sie kennen, **sind unüblich**. Geht ein junger Mann öfters mit einem jungen Mädchen aus, erwarten dessen Eltern, daß es sich bald mit ihm verlobt.

Die meisten **Treffen zwischen jungen Leuten** finden in schulischem Rahmen, auf jeden Fall aber **in der Gruppe** statt. Die Jugendlichen stammen gewöhnlich aus dem selben Milieu und sind den Eltern gut bekannt.

**Mädchen** in malaiischen Gemeinschaften sind bestrebt, einen **guten Ruf zu bewahren**. Ihre **Ehechancen** hängen von ihrem Ansehen, ihrem religiösen Hintergrund und ihrer Stellung innerhalb der Gemeinschaft ab. Wahllose Verabredungen mit jungen Männern und Rendezvous würden ihr Ansehen gefährden.

**Heiratsvermittlungen** sind bei Malaien nach wie vor häufig, dennoch kommt es selten vor, daß zwei einander völlig Unbekannte eine Ehe eingehen. **Früher** arrangierten befreundete Familien die Verlobung ihrer Sprößlinge, als diese noch Kleinkinder waren (und folgerichtig die Heirat, wenn sie das Erwachsenenalter erreicht hatten). **Allerdings haben die jungen Leute bei der Wahl ihres Ehepartners heute ein gewichtiges Wort mitzureden.** Malaien liegt sehr daran, ihre Ehe auf Zuneigung und Respekt zu gründen. Während die Eltern womöglich noch immer die Heirat zu arrangieren versuchen, bestehen die jungen Leute darauf, daß das **uneingeschränkte Einverständnis beider Partner** vorliegt.

Ist ein unverheirateter junger Mann zwischen 25 und 28 Jahre alt, so beginnen die Eltern mit dem Zaunpfahl zu winken: »Glaubst du nicht, es wäre langsam an der Zeit zu heiraten?« Stimmt er ihnen zu und hat noch keine Auserwählte ins Auge gefaßt, **sieht seine Mutter sich nach einer geeigneten Partnerin um**. Sie scheut sich nicht, einige Freundinnen zu bitten, die Familie eines Mädchens aufzusuchen, das sie ausgespäht hat, um sich nach seiner Kochfähigkeiten, Ausbildung, Veranlagung und anderen Dingen zu erkundigen. **Diese Form der vermittelten Heirat ist heute kaum noch üblich**, meist nur dann, wenn die jungen Leute sehr schüchtern sind.

**Meist sucht der junge Mann zunächst ein Mädchen seiner Wahl**; alsdann mag er seine Familie um Hilfe bei der Vermittlung bitten. Seine Mutter, oder eine ihrer Freundinnen, nimmt daraufhin Kontakt mit der Mutter des Mädchens auf. Behutsam äußert sie delikate Andeutungen wie: »Sie haben in Ihrem Haus einen hübschen Käfig. Ich habe ein einsames Vögelchen. Dürfte mein Vogel friedlich in Ihren Käfig schlüpfen?« Die Mutter des Mädchens erbittet dann eine oder zwei Wochen Bedenkzeit, um sich mit ihrer Tochter und der Familie zu besprechen. **Bestehen Einwände**, so gehen die Eltern des Mädchens in ihrer Zurückweisung sehr taktvoll vor; sie möchten die Gefühle anderer nicht verletzen und keinesfalls jemanden Gesicht

99

verlieren lassen. Ein negativer Bescheid wird so freundlich wie nur möglich erteilt: »Meine Tochter ist sehr jung, sie fühlt sich noch nicht reif für die Ehe.«

## Heirat und Scheidung bei den Muslimen

In früheren Zeiten **heirateten die Malaien auch unter Cousins**. Diese althergebrachte, heute nachlassende Sitte stammt noch aus der Zeit vor der Bekehrung zum Islam. Der Islam verbietet diesen Brauch nicht.

Jedoch gestatten **Einschränkungen** einem Malaien nicht die Heirat mit jedweder Cousine. Zum Beispiel wird eine **Heirat zwischen den Kindern von Brüdern** nicht gern gesehen. Man befürchtet, Ehen zwischen Cousins ersten Grades könnten mit einer Scheidung enden und so auch Zwietracht unter den Brüdern säen. Zudem verhinderte eine **Generationenregelung** die Heirat bestimmter Cousins. So durfte ein malaiisches Mädchen zwar den Sohn der älteren, nicht jedoch der jüngeren Geschwister ihrer Eltern heiraten. Und ebenso durfte ein junger Malaie zwar die Tochter der jüngeren, nicht aber der älteren Geschwister seiner Eltern ehelichen.

**Heutzutage stirbt diese Gepflogenheit aus.** Malaien fördern Hochzeiten zwischen Cousins ersten Grades deswegen nicht mehr, weil sie glauben, »das Blut würde gestärkt«, wenn man **außerhalb der Familie heiratet**. Sie ziehen eine Heirat mit einem jungen Mädchen oder jungen Mann aus derselben Gemeinschaft und Schicht vor und wissen es zu schätzen, wenn ihnen die andere Familie gut bekannt ist.

Vor noch gar nicht so langer Zeit besaß eine Heirat vor allem als **Verbindung zwischen zwei Familien** Gewicht. Das junge Paar ging eine Partnerschaft ein, die sich auf **vertraglich abgesicherte Erwartungen** stützte. **Romantische Liebe** wertete man als überflüssig, sogar als hinderlich für die Ehe ab. Denn wenn das junge Paar eines Tages nicht mehr auf rosaroten Wolken schwebte, dann, so meinte man, gäbe es nichts mehr, was die Verbindung stützte. Romantische Liebe galt daher als **eine Form vorübergehenden Wahnsinns**. Fühlten sich ein Mann und seine Frau gefühlsmäßig außergewöhnlich verbunden, hielt man sie für sonderlich, sogar für verhext. Derlei Anschauungen gehören inzwischen der Vergangenheit an. **Zuneigung, Liebe und Respekt** gelten heute als **notwendige Voraussetzung für eine stabile Beziehung**. Daher haben die jungen Leute bei der Wahl ihres Ehepartners auch ein bedeutendes Wort mitzureden.

Vor mehreren Jahren noch konnten **Männer die Scheidung leicht durchsetzen**. Traten in der Beziehung Konflikte und Disharmonie auf, so konnte der muslimische Ehemann **formell die Scheidung von seiner Frau vollziehen, indem er vor zuverlässigen Zeugen dreimal das *talak* aussprach** (»Ich trenne mich von dir«).

Das *talak* konnte auch in **drei aufeinanderfolgenden Schritten** ausgesprochen werden:

*Nach Rendezvous und Brautwerbung: festlicher Beginn des »Ernstes des Lebens« – zumindest in den Gesichtern der Brautleute*

101

Im **ersten Schritt** äußerte der Mann nur einmal *talak*; das Ehepaar war dann zwar getrennt, eine Versöhnung aber möglich. Begannen nach dieser die Auseinandersetzungen von neuem, durfte der Mann nicht erneut zu dieser erstmaligen Scheidungserklärung Zuflucht nehmen, sondern hatte die *Talak*-**zwei-Scheidung** auszusprechen. Auch diese ließ eine Aussöhnung zu und durfte ebenfalls nur einmal verkündet werden. Der **letzte, endgültige Schritt** bestand in der *Talak*-drei-Scheidung. Eine Frau, die von ihrem Mann durch drei *talak* geschieden wurde, durfte ihren Ehemann nicht erneut heiraten (außer sie hätte einen anderen Mann geheiratet und wäre auch von diesem geschieden worden.) **Heute ist diese leichte, einseitige Scheidungserklärung nicht mehr möglich.** Auch die **Ehefrau** kann heute Klage erheben und in bestimmten Fällen selbst eine Scheidung beantragen, wenn sie entsprechende Gründe vorweisen kann wie etwa Unfruchtbarkeit, Ehebruch oder Unbeständigkeit des Ehemanns. Der *Scharia*-Gerichtshof leistet Hilfestellung durch Beratung und Versöhnungsversuche.

Von **frühen Heiraten** wird abgeraten. Die **uneingeschränkte Zustimmung der beiden Partner** gilt als unverzichtbare Voraussetzung der Eheschließung. **Scheidungen** werden heute erschwert – wo sich Differenzen nicht ausräumen lassen, wird die *Talak*-eins-Scheidung ausgesprochen.

Die **Vielweiberei** ist nur in wenigen besonderen Fällen erlaubt, so bei Geisteskrankheit oder Unfruchtbarkeit der Frau. Vielweiberei war und ist zwar nach wie vor für Muslime legal. Sie ist jedoch nur noch selten anzutreffen – hoffentlich auch, weil malaiische Frauen ausreichende Selbständigkeit entwickelt haben, um sich nicht länger auf diese Heiratsform einzulassen. Als der Prophet Mohammed dereinst die Vielweiberei erlaubte, geschah dies aus humanitären Gründen. Auf diese Weise sollten die Witwen und Kinder der Söhne versorgt werden, die im Krieg gefallen waren – eine frühe Art der sozialen Versorgung.

## Verlobung

Ist ein Heiratsantrag angenommen, schickt die Familie des jungen Mannes einige ältere Abgesandte (den Bruder des Vaters oder ältere Verwandte) zur Familie der Braut, damit sie die nötigen Vereinbarungen treffen. **Die Eltern des Brautpaares verhandeln nicht direkt miteinander**, da es als taktlos gilt, über finanzielle Angelegenheiten zu sprechen. Während dieser Gespräche einigt man sich auf einen **Hochzeitstermin** und den »**Brautpreis**«, der die Ausgaben für die Hochzeit finanzieren soll; Geschenke werden überreicht: Obst, Kuchen, Kleider, Juwelen, Kosmetik. Die Braut erhält einen Verlobungsring und revanchiert sich ihrerseits mit einem Ring.

Die **erste Begegnung der »Gesandtschaft« mit der Braut**, die sich herausgeputzt hat, findet in einem festlich geschmückten Zimmer statt. Die Delegation betritt das Zimmer, um dem Mädchen die Geschenke zu überreichen und sich am Anblick des zukünftigen Familienmitglieds zu weiden.

Akad nikah – *in der Nacht vor dem* bersanding *wird die Hochzeit feierlich vollführt. Der Bräutigam unterzeichnet die standesamtlichen Dokumente, und der »Brautpreis« wird überreicht.*

Der **Hochzeitstermin** wird nicht selten **ein Jahr oder gar zwei Jahre im voraus** festgesetzt. Während dieses Zeitraums darf die Verlobte – mit Einschränkungen – mit dem jungen Mann ausgehen. **Anstand und Schicklichkeit** werden von beiden erwartet. Diese längere Zeitspanne gibt dem jungen Paar die Gelegenheit, sich besser kennzulernen, und dem jungen Mann die Möglichkeit, **für den Brautpreis zu sparen.**

Der Bräutigam überreicht seiner Verlobten allmonatlich ein **Geldgeschenk**, um zu beweisen, daß er bereit ist, für seine zukünftige Braut zu sorgen. Die Verwandten, die bei der Heiratsvermittlung tätig waren, geben der Familie des jungen Mannes blumigen Rat: »Laßt euer Vögelchen nicht verhungern; es ist besser, etwas Wasser und Körner in den Käfig zu schütten.« Meist hebt die Braut dieses Geld für ihre Ausstattung oder die gemeinsame Zukunft auf. In früheren Tagen (und hin und wieder auf dem Land noch heute) war es dem jungen Mädchen nicht erlaubt, ihren Verlobten zu treffen. Sie wurde von ihrer Mutter streng beaufsichtigt, um die Reinheit und Keuschheit der Tochter über alle Zweifel zu erheben.

**Malaiische Eltern sehen es ungern, wenn eine jüngere Tochter heiratet, ehe die ältere »unter die Haube« gebracht ist.** Geschieht dies dennoch, so muß **der junge Mann der älteren Schwester seiner Braut Geschenke übergeben** als Wiedergutmachung dafür, daß er »über das Hindernis hinwegsteigt« *(langkah bendul).* Dagegen bestehen keine Bedenken, wenn die jüngere Tochter vor dem älteren Bruder heiratet.

## Tips für Verlobungsfeiern

Zum Zeitpunkt der Verlobung wird ein *kenduri* (Fest) veranstaltet, zu dem man Freunde und Familienmitglieder einlädt. Das anläßlich einer Hochzeit stattfindende *kenduri* nennt man *walimah*. **Geschenke werden nicht erwartet.** Die **weiblichen Gäste** erscheinen meist in langen Röcken und Blusen von zurückhaltendem Schnitt, die **Männer** in bequemer Kleidung, doch mit Krawatte.

## Hochzeit

Eine malaiische Hochzeit ist ein **prächtiges Fest** voller Musik, Farben und lebhafter Stimmung. Früher dauerten die Feiern tagelang an, doch heute, besonders in den Städten, währen sie längstens zwei Tage. Am Samstag findet meist **die private Feier mit der gesetzlichen Trauung** statt, am Sonntag **die öffentliche Feier, das** *bersanding*.

Vor Beginn der Feiern wird der Braut eine **Helferin,** die sogenannte *mak andam,* zur Seite gestellt. Die Familie des Bräutigams entlohnt ihre Dienste. Zu ihren Aufgaben gehört es, die Braut für die Hochzeit herzurichten. Die *mak andam* führt **bestimmte Rituale und Verschönerungszeremonien** an der Braut aus. Sie rasiert die Stirn, zupft die Augenbrauen und entfernt sämtliche unterhalb des Kopfhaaransatzes wachsenden Haare; manchmal werden sogar die Vorderzähne zurechtgefeilt. All dies soll der Braut ein frisches und strahlendes Aussehen verleihen. Zugleich dient all dies einem weiteren Zweck:

Von der Art und Weise, auf die die abgeschnittenen Haarsträhnen von der Stirnmitte zu Boden fallen, schließt die *mak andam* darauf, ob die Braut noch Jungfrau ist oder nicht. Besteht an ihrer **Keuschheit** auch nur der Hauch eines Zweifels, so teilt die *mak andam* diese »Erkenntnis« den Eltern des Brautpaars auf Wunsch mit. Das Wissen um dieses Ritual ist den *mak andam* von Generation zu Generation überliefert worden.

Es ist auch die *mak andam,* die die zukünftige Ehefrau **über die körperlichen und sexuellen Belange der Ehe aufklärt.** Unverheiratete Mädchen dürfen bei dieser Unterredung nicht zugegen sein. Traditionell wurde und wird noch häufig von der Braut erwartet, daß sie in der Hochzeitsnacht ihrem Mann gegenüber Widerstand simuliert. Damit stellt sie ihre Keuschheit, Zurückhaltung und gute Erziehung unter Beweis. Es hebt den Stolz ihrer Mutter zu erfahren, daß ihre Tochter sich dem frischgebackenen Ehemann eine Weile verweigert hat. Die *mak andam* wäscht dann das junge Mädchen mit Wasser und Limonensaft, um sie **symbolisch zu reinigen.**

Am Samstagabend findet die **gesetzliche Heiratszeremonie** statt, die *akad nikah* genannt wird. Die Braut wartet sitzend im Brautzimmer, das mit seiner prachtvollen Dekoration einem Märchen aus Tausendundeiner Nacht entsprungen sein könnte. Seide, Satin, Zechinen, kostbare Vorhänge und

*Auch wenn die Brautleute feierlich ernst blicken –*
*eine malaiische Hochzeit ist ein fröhliches Fest. Nur die arme Braut muß ihre*
*Augen niedergeschlagen halten, um ihre Keuschheit und Scham in der Furcht*
*vor dem Kommenden zu belegen.*

Baldachine schmücken den Raum. Der Bräutigam harrt in der Diele mit seinen Verwandten und Freunden. Der *kathi*, ein mit der *scharia* vertrauter Mann, der berechtigt ist, Ehen nach dem Gesetz des Islam zu schließen, spricht getrennt zu Braut und Bräutigam. Beide **unterschreiben die Eheurkunde.**

Nach der Unterzeichnung zahlt der Bräutigam der Braut eine »**Hochzeitsgebühr**« *(mas kahwin)*. Danach **tauscht er mit der Braut** *salam* **aus**. In alten Zeiten, als die Heiraten noch vermittelt wurden, sah oder berührte der Bräutigam zu diesem Zeitpunkt vielleicht erstmals die ihm lebenslänglich zugeführte Partnerin. Obwohl das Paar von nun an vor dem Gesetz als verheiratet gilt, bleiben sie erst nach dem *bersanding* zusammen.

Das *bersanding* wird am nächsten Tag gehalten. Die Gäste treffen ab dem Morgen ein, und die Feiern dauern bis spät in den Nachmittag hinein. Sowie der Bräutigam im Haus eintrifft, erscheint auch die Braut. Während der Bräutigam mit den männlichen Verwandten der Braut **über den Einlaß verhandelt**, nimmt die Braut links auf dem *pelamin,* einem thronähnlichen Podium, Platz. Die *mak andam* hält einen Fächer vor das Gesicht der Braut. Der Bräutigam wird zum *pelamin* geführt, wo er mit der *mak andam* **über das Entfernen des Fächers verhandelt**. Dann nimmt auch er seinen Platz auf dem *pelamin* ein.

Beide haben prächtige Hochzeitsgewänder angelegt, die oft von der *mak andam* ausgeliehen werden. Als **König und Königin für einen Tag** halten sie Hof für sämtliche Freunde und Verwandte. Manche Gäste werfen ihnen ungeschälten Reis über die Schultern, um sie zu segnen und ihnen viel Glück zu wünschen.

Während all dieser Zeremonien muß **die Braut ihre Augen niedergeschlagen halten** und eine scheue und zurückgezogene Haltung einnehmen. Sie **darf nicht lachen, lächeln oder ihre Blicke schweifen lassen.** Dies ist das ideale, von einer Braut erwartete Benehmen. Es belegt ihre Zurückhaltung und Reinheit. Ihre Freundinnen necken sie, indem sie sie mit Bemerkungen wie »Nur Geduld!«, »Guten Rutsch!« usw. zum Kichern zu bringen versuchen. Doch die Braut muß **starre Miene zum neckischen Spiel** machen und darauf achten, daß ihre Gesichtszüge nicht entgleisen. Nach etwa einer Stunde verlassen beide ihren »Thron«.

Gewöhnlich wird **abends** eine **Wiederholung des** *bersanding* geboten, manchmal mit einer **Feier im westlichen Stil.** In den Städten tritt dann meistens eine moderne Band auf, die westliche Popmusik spielt. In Malakka sorgen bei Hochzeitsfeiern oft malaiische Tänze und Musik für Unterhaltung. Gästen gibt man gern ein *bunga telur* mit auf den Heimweg, ein hartgekochtes Ei in einem Nest oder Glas mit einigen Papierblumen.

## Hochzeitsgeschenke

• **Küchenutensilien** sind als Hochzeitsgeschenke besonders willkommen. Denn nach der Tradition hat die Braut eine voll eingerichtete Küche in die Ehe einzubringen. Aus diesem Grund sind Haushaltsgeräte, Geschirr, Töpfe, Teekannen, Holzlöffel, Servierteller, Obstschalen, und Kuchenteller nützliche Geschenke. Schenken Sie **keine Messer, Aschenbecher, Weingläser oder Schlafanzüge bzw. Nachthemden.**

• **Geldgeschenke** sind nicht unwillkommen, doch werden persönlich ausgesuchte Geschenke höher geschätzt. Wollen Sie Geld schenken, so sollte dies **diskret** geschehen. Gewöhnlich rollt man die Geldscheine zu einem kleinen Päckchen zusammen und überreicht dieses dem Vater der Braut oder seinem getreuen Freund, der als Stellvertreter auftritt, während eines *salam*.

• Als **Verpackung** kann man traditionelles Hochzeitspapier wählen oder das Geschenk in Papier von **roter** (als Symbol der Liebe) oder **grüner** (als Symbol der Religion) Farbe wickeln.

## Das Hochzeitsbankett

Ungefähr eine Woche vor der Heirat, so will es die Überlieferung, bringen die Verwandten und guten Freunde des Bräutigams **Lebensmittelgeschenke** zum Haus der Braut. Diese werden bei der Vorbereitung des Festes verwendet. Ist der Geber ein enger Freund der Familie, eignen sich als Geschenke besonders: ungekochter Reis, Zwiebeln, Obst, Öl, lebende Hühner, Zucker, auch Feuerholz.

• Der **Hochzeitstag** ist gewöhnlich ein »**Tag der offenen Tür**«. Die Gäste treffen meist zwischen 11.00 und 17.00 Uhr ein. Das *bersanding* findet oft gegen 15.00 Uhr statt.

106

• **Männer und Frauen sitzen getrennt.** Vermutlich hat der Gastgeber nichts dagegen einzuwenden, wenn **westliche Gäste** in gemischter Runde zusammensitzen. Findet die Feier **abends** statt, sitzen Männer und Frauen jedoch oft beisammen. Es empfiehlt sich, **die einheimischen Gäste zu beobachten und ihrem Beispiel zu folgen.**
• Wenn die Gäste **mit den Fingern der rechten Hand essen**, sollten westliche Besucher besser dem malaiischen Brauch folgen, statt die beschäftigte Bedienung um Löffel und Gabel zu bitten.

## Kleidung

• **Frauen** sollten sich »zugeknöpft« zeigen, also **keine rückenfreien oder trägerlosen Kleider** tragen. Ein langer oder wenigstens knielanger Rock und eine langärmelige Bluse wären hier angebracht. Malaiische Frauen tragen zu diesem Anlaß all ihren Goldschmuck zur Schau.
• **Männer** kleiden sich **zwanglos**, Sporthemden mit offenem Kragen oder Batikhemden sind erlaubt. Malaiische Männer tragen bei dieser Gelegenheit oft die Nationaltracht, den *baju kurung*.

## Einige Tips für Hochzeitsgäste

• **Amüsieren Sie sich nach Herzenslust**, aber bändigen Sie sich ein wenig: **Lautes Lachen, hektische Gesten, schrille Stimmen usw. sind verpönt.**
• Wenn Sie **fotografieren** möchten, bitten Sie zuvor um Erlaubnis.
• In den Städten ist es erlaubt, daß **männliche Gäste der Braut die Hand schütteln.** Auf dem Land **reichen nur Frauen der Braut die Hand.** Traditionell schütteln malaiische Männer der Braut nur dann die Hand oder tauschen *salam* mit ihr, wenn sie Handschuhe trägt.

## Geburt

Ein malaiisches Baby ist ein glückliches Baby! Es wird in eine warmherzige und liebevolle Gemeinschaft geboren. Seine Eltern ziehen es mit Freundlichkeit und Zärtlichkeit auf. **Kleinkinder werden nur selten gescholten oder bestraft, vielmehr durch gute Beispiele und Lob erzogen.** An körperlicher Nähe und Zärtlichkeit fehlt es einem Baby nicht. Die Malaien wissen, wie wichtig es ist, daß ein Baby aufmerksame Zuwendung erhält, und Väter, Mütter, Geschwister und Verwandte lassen ihm **emotionale und körperliche Zärtlichkeit** zukommen. Fast alle Besucher Malaysias sind von den glücklichen, spielenden und lächelnden Kinder beeindruckt.
Während der Zeit der **Schwangerschaft** beachten die Eltern viele **aus der Tradition überkommene Verbote:**
Eine Schwangere hält sich nach Kräften von allen Erlebnissen fern, die sie erschrecken oder gar traumatisieren könnten, um dem ungeborenen Kind

keinen Schaden zuzufügen. Sie schläft am späten Nachmittag, während der Gebetsstunde zwischen 18.00 und 19.00 Uhr, nicht; dies soll verhüten, daß das Kind zur Faulheit neigt. Die Eltern werden keiner lebenden Kreatur Leid antun, um Mißbildungen des Kindes vorzubeugen.

Heutzutage begeben sich viele Frauen zur Geburt ins Krankenhaus. Malaiinnen auf dem Lande ziehen **Hausgeburten** mit Hilfe von Hebammen vor. Für diese sprechen zahlreiche Gründe, darunter **die wichtige Rolle des Vaters bei den unmittelbar nach der Geburt vollzogenen Ritualen:**

• Sowie seine Frau geboren hat, wäscht der frischgebackene Vater die Blutreste von dem Tuch, auf dem seine Frau während der Niederkunft lag. Dies steht als **Symbol für die Verantwortung, die er als Ehemann seiner Frau und als Vater seinem Kind gegenüber übernimmt.**

• Die **Nachgeburt** wird als »**Zwilling**« des Neugeborenen betrachtet. Gleich nach der Geburt legt der Vater die Plazenta in einen Tonkrug mit einem Deckel und fügt Steinsalz hinzu. So wird sie vierzig Tage lang aufbewahrt, danach begräbt der Vater sie unter dem Haus. Das **Salz versinnbildlicht die Freundschaft zwischen dem Kind und seinem Vater.** Die Nachgeburt wird beerdigt, als sei sie tatsächlich ein »Zwilling« des Neugeborenen gewesen.

• Jedes Kind gilt als »**Träger des Lichts**«; das Licht sollte deshalb zuerst im eigenen Haus erstrahlen. Ferner soll **der erste Schrei** eines malaiischen Kindes im eigenen Heim ertönen, ist dies doch ein »**Schrei, der Treue zu den Eltern und Respekt vor ihnen**« ausdrückt. Nach dem ersten Schrei nimmt der Vater ein sauberes weißes Tuch, das zuvor in kochendes Wasser getaucht wurde. Damit reibt er über den Mund des Kindes, um ihn weit zu öffnen. Dies steht als Sinnbild dafür, daß **das Kind stets die Wahrheit sprechen soll.** Dann reibt er mit seinem Daumen zart über die Augenlider, und zwar von innen nach außen. Dies symbolisiert den Wunsch, d**as Kind möge in der Welt nur Gutes erblicken.** Danach singt der Vater leise oder rezitiert die islamischen Gebete ins Ohr seines Kindes, auf daß es **nie die Größe Allahs vergesse.** Vielleicht rührt er auch mit einem Stößel in einem Mörser ganz nah am Ohr des Kindes, um die Reflexe seines Neugeborenen zu testen. Diese **rituellen und symbolischen Handlungen** tragen, von den ersten Augenblicken im Leben des Erdenneulings an, zu einem **engen Verhältnis zwischen Vater und Kind** bei.

Eine malaiische Mutter wird – es sei denn, dies wäre zwingend erforderlich – **nie ihr Kind künstlich ernähren.** Man **schreibt der Muttermilch außerordentliche Kräfte zu.** So glaubt man, daß die Muttermilch sofort in das Blut ihres Kindes übergeht und das Stillen einen Respekt und eine Nähe nährt, die das ganze Leben andauern. Überdies meint man, die Muttermilch stärke den Geist wie auch den Körper des Kindes, helfe seinen Glauben und Charakter entwickeln und festige das geistige Band zwischen Mutter und Kind so sehr, daß nichts ihre Beziehung wird zerstören können. Das Kind wird so lange gestillt, bis es aus eigenem Willen die Brust der Mutter

*Ein malaiisches Baby ist ein glückliches Baby –
es wird in eine warmherzige und liebevolle Großfamiliengemeinschaft geboren.*

ablehnt. In Augenblicken starker körperlicher oder gefühlsmäßiger Belastung nimmt die Mutter das Kind oft an die Brust, gleich ob es hungrig ist oder nicht, ob sie Milch hat oder nicht.

Die **Malaien erkennen das seelische Bedürfnis des Kindes nach Tröstung und Sicherheit an.** Sie wissen, daß das körperliche Verlangen nach Nahrung nur einen Teil der Bedürfnisse eines Kindes ausmacht. In dieser Beziehung beginnen manche westliche Kulturen erst wieder zu begreifen, was die Malaien seit Jahrhunderten instinktiv und aus Erfahrung wissen und anwenden.

Das Kind erhält **binnen zwei Wochen nach seiner Geburt einen Namen**, damit dieser in die Geburtsurkunde eingetragen werden kann. **24 Tage nach der Geburt wird die Namensgebung zu Hause mit einer religiösen Feier begangen.** Ein aufwendiges *kenduri* folgt.

## Geschenke zur Geburt

Eine junge Mutter empfängt nach der Geburt keine Geschenke, doch **Gaben für das Baby**, Kleidung etwa, werden gern entgegengenommen. Schenken Sie **keine Spielzeughunde.** Anders als bei Chinesen, bestehen **keine Tabus hinsichtlich der Anzahl oder Farbe der Geschenke.** Helle oder Pastellfarben werden jedoch bevorzugt. **Besuche** können ab dem zweiten Tag nach der Geburt jederzeit abgestattet werden.

# Beschneidung

**Auch kleine Mädchen werden beschnitten.** Bei dieser sogenannten und bei uns heftig umstrittenen Klitoridektomie handelt es sich um einen symbolischen Akt und eine **religiöse Verpflichtung.** Man entfernt dabei ein winziges Stück der Klitorishaut. Eine Malaiin demonstrierte uns einmal, wie groß dieses Stück ist, indem sie ein winziges Fitzelchen eines Papiertaschentuchs aufrollte und dessen Spitze mit dem Fingernagel abzwickte. Es wird nicht zu einem Fest geladen, doch einige Nachbarn und Verwandte schauen vielleicht kurz vorbei.

Die **Jungen werden meist beschnitten, wenn sie in die Pubertät kommen,** obwohl diese Zeremonie auch kurz nach der Geburt oder im Alter zwischen acht und zwölf Jahren durchgeführt werden kann. Heutzutage kommt ein *mudim,* ein Spezialist für die Beschneidungszeremonie, in Begleitung eines muslimischen Arztes ins Haus. Auf dem Lande wird diese Zeremonie mitunter für mehrere Jungen zugleich durchgeführt. Die Beschneidung zählt zu den **religiösen Geboten des Islam.** Die Malaien sind der Auffassung, sie sei der persönlichen Gesundheit und Hygiene zuträglich. Anthropologen erblicken in ihr einen einschneidenden Ritus, der den **Übergang eines Jungen von der Kindheit zum Erwachsensein** feiert.

Die **Zeremonie, die die Beschneidung begleitet,** ist von Ort zu Ort verschieden, läuft **auf dem Land** aber in etwa auf folgende Weise ab: Nachmittags findet ein großes Fest statt, zu dem Freunde und Verwandte eintreffen, um – gewöhnlich unterziehen sich Brüder und Cousins gemeinsam dieser Zeremonie – die Jungen zu unterstützen und zu beglückwünschen. Die Knaben tragen die traditionelle malaiische Kleidung. Sie nehmen am Fest teil, leiden jedoch meist aus verständlichen Gründen unter Appetitmangel. Gegen 15.00 Uhr waschen sie sich am Brunnen und reinigen dabei besonders sorgfältig Eichel und Vorhaut. **Einer der Jungen meldet sich freiwillig als erster.** (Man sagt, dieser würde einst auch als erster heiraten.) Er nimmt auf einem Bananenstamm oder einem Stuhl Platz, während ein Freund seines Vaters hinter ihm steht, um ihn zu ermutigen und zu halten. Einige der Jungen, die wir befragten, meinten scherzend, man wolle damit verhindern, daß sie ausreißen oder auf einen Baum zu klettern versuchen. Der *mudim* versucht den Jungen zu beruhigen, indem er leise auf ihn einspricht. Die Vorhaut wird mit einer Klammer gespannt und mit einem rasierklingenscharfen Messer abgeschnitten. Eine Medizin wird aufgetragen, die Wunde verbunden und der humpelnde Patient zu einer Zeremonialmatte geführt. Ein *sarung* wird zeltartig von der Decke gespannt, um ihn zu bedecken.

Man versorgt seine Wunde täglich und nährt ihn mit einer kräftigenden Diät aus Reis und gegrilltem Fisch, der über offenem Feuer gegart werden muß. **Nach zehn oder zwölf Tagen ist die Wunde vollständig abgeheilt** – und

*Die Hauptperson des Beschneidungsfestes ist schon wie ein »Mini-Bräutigam«*
*gekleidet. Der muslimisch-arabische Einfluß zeigt sich hier deutlich.*

der Junge heilfroh und stolz, »den Test bestanden« und den **ersten Schritt in die Welt der Männer** unternommen zu haben.

## Zu Gast bei einem Beschneidungsfest

Das *kenduri* anläßlich einer Beschneidungszeremonie wird mit **großem Aufwand** begangen. Die Gäste erscheinen daher in **angemessener, feierlicher** Kleidung, wie sie auch bei Hochzeitsfeiern üblich ist. Meist schenkt man dem Jungen **Geld**, um ihn aufzuheitern und für seinen Mut zu belohnen. Die Höhe des Betrages hängt davon ab, wie gut man ihn und seine Familie kennt.

## Bestattungen

Muslime müssen **binnen zwölf Stunden**, wenn möglich noch schneller, **beerdigt werden**. Stirbt ein Malaie, so wird ein *bilal* oder *imam*, ein Mann aus der Gemeinschaft oder von der Moschee, der sich in den entsprechenden Ritualen auskennt, ins Haus bestellt. Inzwischen richten die Familienan-

111

gehörigen den Leichnam her. Kinder oder andere Verwandte des Verblichenen **waschen den Toten** und falten seine Arme über der Brust, dann
bedecken sie ihn mit einem weißen Tuch. Sein Kopf zeigt dabei in **Richtung
Mekka.** Stets hält jemand **Totenwache.** Einige Suren aus dem Koran werden rezitiert. Muslime glauben, daß die Seele eines Verstorbenen nach dem
Tod weiterlebt, in die Hände Allahs gelangt und dort bis zum Tag des Jüng-
sten Gerichts verbleibt.Wenn der *imam* eintrifft, nimmt er die **rituelle Reinigung des Leichnams** vor, wobei er zunächst klares Wasser verwendet und
abschließend Kampferwasser, um eine Geruchsentwicklung zu vermeiden.
Die Leiche wird **in drei Lagen weißen Tuches gehüllt**; die letzte Schicht
wird so geschickt drapiert, daß sie wie Kleidung wirkt, obwohl das Tuch wie
vorgeschrieben keine Nähte besitzt. Kräuter werden über die Leiche
gestreut. Vor der Verhüllung des Gesichtes kommen die Familienangehörigen hinzu, und der *imam* widmet dem Toten einige Worte. Man spricht
Gebete und bringt den Leichnam in die Moschee oder zur Grabstelle.
Man verwendet keine Särge, wie wir sie kennen; der Leichnam liegt bedeckt
auf einem Brett. Manchmal, etwa wenn die Erde der Grabstelle feucht ist,
benutzt man jedoch einen kistenartigen Sarg. Das Grab wird in einer Boden-
senke ausgehoben, in die man die Leiche hinabläßt. Dort ruht sie auf der
rechten Seite und mit dem **Gesicht gen Mekka.** Über den Toten legt man ein
Brett, so daß keine Erde auf ihn fallen oder ihn umgeben kann.
Muslime sind **nicht von der Angst vor einem natürlichen Tod besessen.**
Eine ihrer Redensarten lautet:»Wenn du glaubst, du stirbst morgen, wirst du
ewig leben.« Allerdings **fürchten sie sich vor einem durch Katastrophen
herbeigeführten Tod**: durch Unglück, Selbstmord oder Mord. Sie glauben,
daß sie in solchen Fällen den Zweck ihres Lebens sowie ihre Aufgaben Allah
und ihrer Familie gegenüber nicht haben erfüllen können. Ein guter Muslim
betet für einen **friedvollen Tod**, einen Tod, der ihm Gelegenheit gewährt,
seinen Frieden mit Allah zu schließen und seine Gebete aufzusagen, ehe er
die Augen schließt.

## Ratschläge für Trauergäste

• Freunde und Nachbarn suchen das Haus des Verstorbenen auf, und ihnen
wird gestattet, »einen letzten Blick« auf das Antlitz des Verstorbenen zu
werfen. **Besucher erweisen die letzte Ehre**, indem sie ruhig einige Momen-
te beim Verstorbenen stehenbleiben, sich leicht verneigen und ein stilles
Gebet sprechen.
• Möglicherweise bietet man den Trauergästen einige **kleine Stärkungen** an
wie Kaffee oder Tee mit Keksen, manchmal auch etwas zum Essen. Dies ist
jedoch **nur vor der rituellen Reinigung des Toten** der Fall.
• Muslime trauern nicht sichtbar; sie versuchen, ihre Gefühle in Stille zu
bändigen. Daher sollten Sie **weder laut sprechen noch sich übermäßig
geräuschvoll verhalten.**

*Muslimisches Gräberfeld vor der Nationalmoschee von Kuching (Sarawak)*

• **Geschenke:** Man kann durchaus **Blumen** zum Haus des Verstorbenen bringen. Oft spendet man der Familie auch **Geld**, das den Trauernden in einem **weißen Briefumschlag** überreicht wird. Jeder Betrag ist angemessen.

• **Kleidung:** Die bei Trauerfällen und Beerdigungen traditionell übliche Farbe ist **Weiß**, doch sind auch **dunkle Farben** nicht fehl am Platz.

# Sitten und Gebräuche der Inder

## Die Menschen

Sieben Prozent der Bevölkerung Singapurs und elf Prozent der Bevölkerung Malaysias sind Inder.

»Wie würdest du einen **typischen Inder** beschreiben?« fragten wir eine indische Freundin. Sie antwortete: »Nun ja, wir haben Knie wie Knöpfe, dünne Waden, Arme, die unten genauso stark sind wie oben; die Männer tragen Bäuche wie Töpfe, und die Frauen sind mit mindestens drei Speckrollen zwischen dem unteren Rand der *choli* (der unter dem Sari getragenen engen Bluse, die Schultern, Brust und Oberarme bedeckt) und dem obersten Teil des Hüft-Sari gepolstert; aber wir haben hervorstehende Wangenknochen, gleichmäßige weiße Zähne, große dunkle Augen und üppiges schwarzes Haar.«

Uns scheint, sie hat die negativen Aspekte über- und die positiven Aspekte untertrieben. Inder sind, vom Äußerlichen her betrachtet, schöne Menschen. Sie besitzen einen **lebhaften Sinn für Humor**, und sie sind gewöhnlich **warmherzig und lebenssprühend.**

Die Inder in Singapur und Malaysia stammen aus den unterschiedlichsten Gegenden Indiens und gehören **verschiedenenen Glaubensbekenntnissen** an. Die meisten sind **Hindu**, doch finden sich auch zahlreiche indische **Muslime** und **Sikh**.

Inder in Malaysia und Singapur sind **in jeder sozialen Schicht** anzutreffen: Es gibt indische Ärzte und Rechtsanwälte, Gewerkschaftler, Polizei- und Armeeangehörige, kleine Ladenbesitzer und Arbeiter. Das Spektrum reicht von den **modernen und liberalen** bis hin zu den **konservativ und traditionell** eingestellten Indern.

Die meisten Läden in der **Arab Street und Umgebung** sind im Besitz von Indern aus Singapur, die sich zum Islam bekennen. Weitere indische Muslime kann man in ihren Textilgeschäften in der **Jalan Tuanku Abdul Rahman in Kuala Lumpur** finden. **Viele von ihnen haben ihre Familie in Indien gelassen.** Sie führen in Singapur ein Leben als Junggesellen; das erworbene Geld schicken sie an ihre Familien. Vorwiegend verkaufen sie **Textilien, Parfum und Schmuck.**

Es sind **freundliche Händler.** Touristen können in ihren Laden hineinschauen und dort den halben oder den ganzen Tag zubringen – es scheint ihnen nichts auszumachen, daß ein Kunde herumstöbert und schließlich doch nichts kauft. Der **Parfumhändler** stellt für Sie einen individuellen, exotischen Duft zusammen. Er läßt Sie an jedem Parfum in seinem Laden

*In der malaysisch-singapurianischen Gemeinde der Inder leben die großen kulturellen Traditionen des Mutterlandes fort. Der überlieferte indische Tanz verbindet in höchster künstlerischer Fertigkeit fünf Ausdrucksformen: Körpertanz, Fußrhythmus, Handsymbolik, Augensprache und Mimik.*

riechen und zeigt Ihnen die teuersten Öle der Welt und ist dennoch nicht enttäuscht, wenn Sie lediglich zwei oder gar nur ein Pröbchen bei ihm kaufen. Vielleicht gibt er Ihnen überdies als Souvenir ein Ziegenlederfläschchen mit auf den Weg.

**Je nach Sekten- und Religionszugehörigkeit pflegen die Inder unterschiedliche Gebräuche**; deshalb ist es ein schwieriges Unterfangen, die Verhaltensmuster und Umgangsformen der Inder in Singapur verallgemeinern zu wollen.

Die **Inder in Singapur und in Malaysia stammen überwiegend aus Südindien und sind Tamilen.** Daher beschreiben wir im folgenden **vornehmlich die Gebräuche und Sitten der Tamilen.**

Wer ein erstes »Gespür« für die indische Bevölkerungsgruppe gewinnen will, sollte einmal **in Singapur durch die Serangoon Road** oder **in Kuala Lumpur durch die Jalan Brickfields** spazieren. Dort kaufen die meisten der ortsansässigen Inder ein. Sari, leichte Hausschuhe, *dhoti* (das großzügig weite Beinkleid aus Baumwolle für Männer), Kochutensilien aus dickem Stahl, Ständer und Lampen für Gebete aus Messing, Gewürze, Kräutermedizin, Betelnüsse, Schmuck usw. findet man in den kleinen Läden, die die beiden Straßen säumen.

Ebenfalls in der Serangoon Road und Jalan Brickfields sind viele kleine Blumenstände zu entdecken, die Girlanden für Hochzeiten verkaufen und wohlriechende Blumen für den Hausaltar der Familien. Indische **Frauen** tragen gewöhnlich **Blumen** im Haar, um Eheglück zu feiern, ihre Schönheit zu unterstreichen und ihre leuchtenden Sari farblich zu ergänzen. Oft hält ein Ehemann auf dem Heimweg von der Arbeit an, um seiner Frau eine Blume als Haarschmuck zu kaufen. Inderinnen bereitet es Freude, an beiden Armen **breite Armreifen** und im Haar Blumen zu tragen. Zu wissen, daß ihr Ehemann sie hübsch findet, verstärkt ihre Selbstsicherheit. Wenn ein indischer Ehemann vor seiner Frau stirbt, wird die **Witwe** solchen Schmuck nie wieder anlegen.

**Der tiefe Glaube der Inder durchdringt ihr Alltagsleben.** Jeden Morgen vor Sonnenaufgang betet eine indische Mutter vor dem Hausaltar und verbrennt Weihrauch, um ihren Gott und den neuen Tag zu grüßen. Bei Sonnenuntergang verfährt sie meist ebenso.

**Der Freitag ist ein ganz besonderer Tag.** Dann strömen die Inder **zum Gebet in die Tempel.** Sie bringen verschiedene Opfer dar. Besonders häufig spenden sie ein »**Bananen**«-Opfer oder ein »**Halbe-Kokosnuß**«-Opfer. Gegen eine geringe Geldgabe für die Banane oder Kokosnuß schreiben sie ihren Namen auf einen kleinen Streifen Papier, den der Priester dann während der feierlichen Gebete laut vorliest. Die gesegnete Frucht, die Banane oder Kokosnuß also, wird mit nach Hause genommen und verzehrt oder auf den Hausaltar gelegt. Im Tempel erhalten sie **heilige Asche**, die sie sich auf die Stirn reiben, und **Betelnüsse**, die ältere Leute kauen oder ebenfalls auf den Hausaltar gelegt werden. Verspeist man die Opfergaben nicht, so wirft man sie nach dem Verfaulen dennoch nicht weg, sondern legt sie unter einen Baum oder übergibt sie einem Fluß.

Oft wird Ihnen **ein roter Punkt auf der Stirn der Inderinnen** auffallen. Er ist das **Symbol ihres Ehestandes.** Eine Frau aus Nordindien dagegen schmückt sich mit einem roten Strich am Haaransatz.

Eine **unverheiratete Frau** trägt manchmal einen **schwarzen Punkt auf der Stirn.** Die schwarze Farbe soll **den Einfluß des bösen Blicks bekämpfen.** Erhält ein junges Mädchen übermäßig viele Komplimente, so könnte, glauben die Inder, ein Unglück über sie hereinbrechen. Dieser schwarze Punkt soll derartige üble Einflüsse abwehren helfen.

**Moderne junge Mädchen stimmen den Punkt auf der Stirn farblich mit ihrem Sari ab.** Dies entspricht nicht traditionellem Brauch, sondern gilt schlichtweg als neuzeitlich und schick – weshalb ältere Inder über solche »Unsitte« den Kopf schütteln.

## Thaipusam

Das Herz eines Inders versteht man erst, wenn man seinen **hinduistischen Glauben** kennt. Ein Ausdruck dieses Glaubens läßt sich während des *Thaipusam*-**Festes in Singapur und Malaysia** beobachten. Dieses Fest wird in der Diaspora noch ausgiebiger als im Heimatland Südindien gefeiert. In

*In einem indischen Geschäft in der Serangoon Road von Singapur, in dem unter anderem auch Betel verkauft wird. (Beachten Sie die Handhaltung!) Betel ist ein beliebter »Kaugummi« der Inder, besonders nach dem Essen. Das blattumwickelte Betelpäckchen enthält weiße Kalkpaste, gehackte Betelnüsse (reich an Gelbstoff und rotem Farbstoff). Diese Mischung wirkt erfrischend, aufheiternd und sogar leicht drogenhaft. Betelkauen festigt das Zahnfleisch und wirkt gegen Durchfall und andere bakterielle Erkrankungen. Beim Kauen färbt sich der Speichel rot, bei leidenschaftlichem Betelkauen werden die Zähne fast schwarz.*

Indien hat die Regierung den Gebrauch von Haken und Spießen, mit denen Gläubige Körperteile durchbohren, verboten.

*Thai,* so heißt der Monat, der in unseren Januar/Februar fällt, während *pusam* Fest bedeutet. Ende Januar oder Anfang Februar lockt das *Thaipusam*-Fest die gesamte indische Gemeinschaft auf die Beine. *Thaipusam* verstärkt den Geist der »communitas«, was soviel heißt wie: **An diesem Tag ist jeder Inder in den Augen aller Inder gleich viel wert.** Frauen besitzen denselben Status wie Männer; niedere Kasten denselben Rang wie die höheren; zwischen den einzelnen Menschen werden keine individuellen Unterschiede gemacht. *Thaipusam* trägt zu einer **verstärkten Solidarität innerhalb der indischen Gemeinschaft** bei. Indem es ihre indische Identität stärkt, hebt es ihr Selbstwertgefühl, was in der multi-ethnischen Kultur Singapurs und Malaysias um so höhere Bedeutung besitzt.

Der Festtrubel tobt in **Singapur** vor allem in der **Serangoon Road**, dem Herzen der indischen Gemeinschaft. In **Malaysia** finden die meisten Feiern **am Ufer des Flusses Gombak in der Nähe der Batu-Grotten** statt. Die Inder in Malaysia, die an diesem Fest teilnehmen, baden und reinigen sich im Fluß, ehe sie ihre *kavadi* die weit über 200 Stufen zum Murugan-Schrein in den Batu-Grotten, hinauftragen. **Diese Stufen besitzen mythische**

117

**Bedeutung**, da man einer **Legende der Hindu** zufolge »hochsteigen muß, um Gott Murugan zu ehren«. Diese Sage erzählt:

*Es war einmal der Gott Narada, der die beiden Söhne Shivas, Vinayagar und Murugan, auf die Probe stellen wollte. Er versprach demjenigen, der als erster die Erde umrunden würde, einen goldenen Apfel. Der ungestüme Gott Murugan, jung und mutig, bestieg schnell seinen Pfau und flog auf und davon. Vinayagar, älter und weiser, hielt eine Zeitlang inne, um nachzudenken. Er fragte Narada, ob es einen Unterschied gäbe zwischen der Erde und den eigenen Eltern. Narada antwortete, nein, diesen gäbe es natürlich nicht. Daraufhin umreiste Vinayagar dreimal seine Eltern und sprach: »Meine Eltern sind meine Erde, und ich schreite um sie herum!« Zufrieden über Vinayagars Antwort, gab Narada ihm den goldenen Apfel. Als Murugan zurückkehrte, ganz erhitzt und ermattet von seinem Flug um die Erde, war er sehr verärgert darüber, daß Vinayagar bereits den goldenen Apfel davongetragen hatte. Er flog auf den Gipfel des Bergs Palam-ne und weigerte sich, wieder abzusteigen. Wer ihn anbeten wollte, mußte zu ihm emporklettern.*

Deshalb liegen die **dem Gott Murugan geweihten Tempel allesamt auf Bergen**. Singapur bildet eine Ausnahme, da sich dort kaum Hügel finden. Gott Murugan, der am Tag des *Thaipusam* verehrt wird, steht für Tugend, Tapferkeit, Jugend und Kraft. **Ein Mythos erklärt, weshalb die Inder einen *kavadi* zu ihm tragen:**

*Es war einmal ein weiser Mann mit Namen Agastiyar, der sich zwei Berggipfel wünschte, um auf diesen meditieren zu können. Er sandte seinen Jünger aus, sie aus dem Land zu holen, in dem Gott Shiva lebte. Der Jünger begab sich dorthin, nahm zwei Gipfel und packte sie sich auf die Schulter. Nun wollte aber Gott Murugan, der Sohn Shivas, diese Gipfel in seinem eigenen Besitz wissen. Er ersann einen Trick, mit dem er den Jünger veranlassen konnte, sie ihm zu überlassen. Er nahm die Gestalt eines Königs an und suchte den Jünger auf. Als er ihn gefunden hatte, meinte er: »Du siehst so müde aus. Weshalb setzt du dich nicht hin und ruhst für eine Weile?« Während der Jünger schlief, nahm Gott Murugan die Gestalt eines kleinen Jungen an und stellte sich auf die Berggipfel. Als der Jünger aus seinem Schlaf erwachte, wollte er die Gipfel wieder hochheben, fand sie aber zu schwer. Er begann, mit dem kleinen Jungen zu disputieren, nicht ahnend, daß dieser Gott Murugan war. Während der Auseinandersetzung fiel der Jünger vom Berg hinunter und verlor das Bewußtsein. Inzwischen machte der weise Mann, nachdem er eine Zeitlang meditiert und gewartet hatte, sich auf die Suche nach seinem Jünger. Und als er ihn fand, bat er Gott Murugan inständig, sich ihrer zu erbarmen. Gott Murugan hatte Mitleid mit dem Jünger und ernannte ihn zu seinem Wächter. Alsdann versprach er, jeden, der zu ihm komme und einen* kavadi *trage, zu segnen.*

118

*Selbstkasteiender Inder beim* **Thaipusam-***Fest. Dieser Mann ist bereits in Trance versunken. Das* **kavadi** *sitzt auf metallenen Widerhaken in der Haut.*

119

So kommt es, daß Inder heute **das Gelübde leisten, einen** *kavadi* **auf den Schultern zu tragen**. Dies gilt als ein Opfer und der *kavadi* dabei als eine Art Wagen, auf dem der Gläubige den Gott auf Schultern trägt. Ein *kavadi* bezeichnet aber auch jedes andere auf den Schultern getragene Opfer. Es gibt somit viele **verschiedene Arten von** *kavadi*.

**Am verbreitetsten ist der** *alavvu kavadi*, **ein großer Gegenstand in Halbkreisform**, etwa in Form des halben Rads eines Fahrrads. Er ist von einfacher Bauweise, wird von den Indern jedoch phantasievoll **verschwenderisch geschmückt**. Manche dekorieren ihn sogar mit Blitzlichtern, die sie in die Federn des Pfaus und die Blumen einbauen, mit denen der *kavadi* verziert ist.

Ein *kavadi* kann daher sehr schwer sein; **manche wiegen bis zu 18 Kilo**. Er besitzt **Metallhaken oder -nägel**, die man an der Haut befestigt oder sogar durch die Haut bohrt.

Andere Gläubige stechen sich einen kleinen *vel* aus Silber durch die Zunge und/oder durch die Wange. **Der** *vel* **ist nach dem Vorbild eines Speeres geformt**, wobei seine wie ein Herz geschmiedete Spitze die Herzensreinheit symbolisiert. Der Stab versinnbildlicht die Gottesnähe und gilt als ein **Symbol der Tapferkeit und Reinheit sowie des Sieges über das Böse**. Die Mythologie der Hindu besagt, daß Murugan den *vel* von seiner Mutter Shakti Devi empfing, und er ist stets in seinen Händen zu sehen.

Im Gegensatz zu einer verbreiteten Annahme handelt es sich beim **Hinduismus nicht um eine polytheistische Religion**. Die Hindu glauben an **Einen Universellen Geist ohne Anfang und ohne Ende, der Brahma (das heißt: Welt-Seele) genannt wird**. Diese Welt-Seele ist ein **Dreifaltigkeitsgott**. Er wird Drei-in-Eins-Gott genannt, weil die Inder glauben, daß Gott verschiedene Formen zeigt: **Brahma** ist der Schöpfer, **Vischnu** der Erhalter und **Shiva** der Zerstörer. Sie sind nicht getrennt zu sehen, sondern stellen lediglich **verschiedene Anschauungen derselben göttlichen Einheit** dar.

Andere Attribute des dreifaltigen Gottes werden von anderen »Göttern« symbolisiert. So versinnbildlicht beispielsweise Murugan Jugend, Tapferkeit, Tugend und Kraft. Dennoch wird er genaugenommen nicht als »Gott« betrachtet, sondern als die **Widerspiegelung einiger göttlicher Eigenschaften**.

Inder, die an dieser Zeremonie teilnehmen, sind weder Mystiker noch Heilige, sondern normale Gläubige aus allen gesellschaftlichen Schichten. **Frauen** jedoch tragen den mit Haken versehenen *kavadi* nicht, da es ihnen nicht erlaubt ist, ihren Körper für das Durchstechen mit dem *vel* zu entblößen.

Ein Gläubiger, der den *kavadi* tragen will, muß sich **strengen Regeln unterziehen, um sich zu reinigen**. Er darf kein Fleisch, keinen Fisch und kein Hühnerfleisch essen und hat weltlichen Genüssen wie Sex, Rauchen und Alkohol zu entsagen. Mit dieser Enthaltung wird mindestens drei Tage, meist jedoch ein bis zwei Wochen vor Beginn des Festes begonnen. Obwohl diese Inder häufig meditieren, verstehen sie vermutlich wenig von der

*Priester und Gläubige eines Hindu Tempels in Singapur*

121

Selbsthypnose. Entscheidend scheint zu sein, daß sie tiefgläubig sind und ihr Glaube ihren Alltag bestimmt. **Während dieses Festes fallen sie in Trance, verspüren keinen Schmerz und – seltsam, aber wahr – verlieren selten Blut.** Manche Inder tragen den *kavadi* an nur einem *Thaipusam;* andere wiederum legen das Gelübde ab, ihn drei, fünf oder sieben Jahre nacheinander am *Thaipusam* auf sich zu nehmen. Manche verpflichten sich für ihr ganzes Leben. In Singapur tragen die Gläubigen den *kavadi* von der Serangoon Road bis zum Chettiar-Tempel in der Tank Road über eine Strecke von vier Kilometern. Nachdem sie den Chettiar-Tempel betreten haben, führen sie den *kavadi* dreimal im Innenraum herum, ehe sie ihn vor dem Schrein des Gottes Murugan absetzen. In Malaysia müssen die Gläubigen die vielen Stufen erklimmen, die zum Schrein des Gottes Murugan führen. Ihr Gelübde gilt erst dann als erfüllt, wenn sie den *kavadi* am Fuße des Gottes Murugan abgestellt haben.

Wenn die Gläubigen den *kavadi* tragen, gehen sie barfuß; mehrmals auf dem Weg werden den Opfergängern die Füße gewaschen. **Freunde, Verwandte und auch Fremde ermutigen und unterstützen die Träger, indem sie sie auf Schritt und Tritt begleiten.** Sie singen, tanzen, musizieren und rufen: »Vel, vel, vel«. An verschiedenen »Kreuzstationen« des Weges werden Limonen aufgeschnitten, um die bösen Einflüsse fernzuhalten. Wurden endlich die Haken und die Nägel aus der Haut der *Kavadi*-Träger entfernt, reibt man unverzüglich »heilige Asche« in ihre Wunden.

## Verhaltenstips und besondere kulturelle Merkmale

Da **indische Muslime** in Singapur und Malaysia dieselben Regeln und Gebote befolgen wie die Muslime in aller Welt, entsprechen ihre religiösen Sitten jenen, die im Kapitel über die Malaien beschrieben sind. Prüfen Sie deshalb, ob Ihr indischer Bekannter ein Muslim ist, bevor Sie ihm womöglich Schweinefleisch anbieten oder Ihren Hund um ihn herumscharwenzeln lassen. **Einen sicheren Hinweis auf die islamische Religionszugehörigkeit geben Namen:** Ein indischer Muslim trägt einen malaiisch klingenden Namen mit der Anfügung *bin* oder *binti* für »Sohn des …« oder »Tochter des …« (vergleiche den Abschnitt über die Namensvergabe der Malaien). Die im folgenden vorgestellten Sitten stellen überwiegend die **Gebräuche der Hindu** dar.

## Begrüßung

• Indische **Männer schütteln zum Gruß einander die Hand**. Treffen jüngere mit älteren Männern zusammen, benutzen sie manchmal die **traditionelle Grußform**: Bei dieser sind die Handflächen gegeneinandergelegt, die Hände bis zum Gesicht erhoben, der Kopf leicht vornübergeneigt. Üblicherweise grüßen sich Männer und Frauen nicht mit Handschlag.

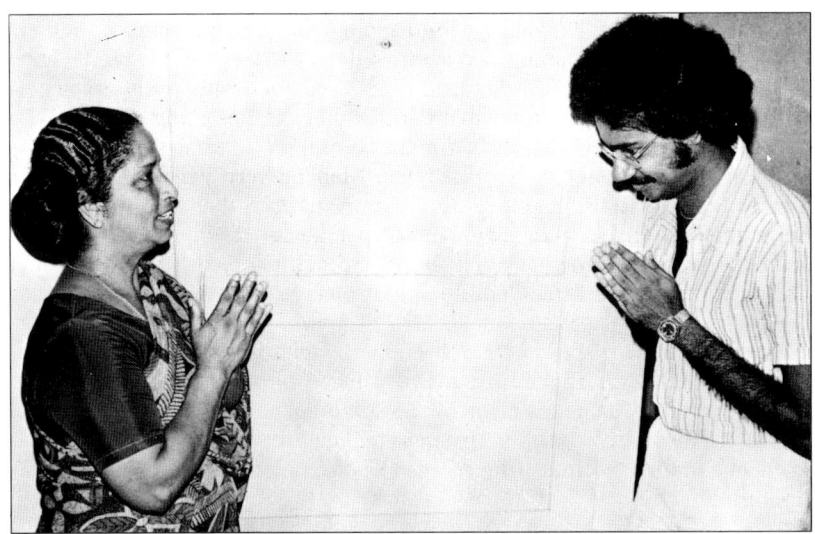

*Im modernen Singapur und Malaysia verwenden viele junge Leute
unter ihresgleichen nicht mehr die traditionelle indische Grußform.
Doch wenn jung und alt aufeinandertreffen, so wird auch heute noch
die jüngere Person stets die ältere auf diese Weise grüßen.
(Sicherlich erraten Sie, weshalb der junge Mann auf dem Foto die Hände höher
hält und den Kopf tiefer neigt als die ältere Dame.)*

• **Frauen** grüßen sich gelegentlich durch **Händereichen**. Wenn sie einander vorgestellt werden, benutzen sie die **traditionelle Grußform**. Eine Frau aus Nordindien bedeckt gewöhnlich ihren Kopf mit dem Ende ihres Sari, ehe sie diese Geste ausführt.

• In **stark westlich beeinflußter Gesellschaft** passen sich indische Männer und Frauen manchmal der Sitte des **Händeschüttelns zwischen den Geschlechtern** an.

• Wenn Sie als **westliche Ausländerin einem Inder vorgestellt** werden, können Sie auf traditionell indische Weise grüßen oder einfach mit dem Kopf nicken und lächeln.

• Bei der **Vorstellung** können Sie sich an die **westliche Höflichkeit** halten: Der Name des Älteren wird vor jenem des Jüngeren, der des Ranghöheren vor jenem des Rangniederen und der der Frau vor dem Namen des Mannes genannt.

## Hindu Namen

• Die meisten Inder in Singapur und Malaysia folgen in der Namensgebung der **väterlichen Abstammung**. Aber **manche malaysischen Inder**, so etwa die Nair, leben in **matrilinearen Familienverbänden**, in denen die mütterliche Linie Abstammung und Erbschaftsregelungen bestimmt.

• Die Mehrheit der Inder aus Singapur und Malaysia besitzen allerdings **keine Familiennamen**. Sie **setzen das Initial des Namens ihres Vaters vor den eigenen Namen**. Nehmen wir zum Beispiel M. Thiruselvam: »M« ist das Initial des Eigennamens des Vaters (sagen wir: Manickavasagam). Thiruselvam ist der Eigenname des jungen Mannes. Wem die Aussprache Schwierigkeiten bereitet, der kann diesen Namen zu »Thiru« oder »Selvam« **abkürzen**. Freunde nennen ihn womöglich Thiru, Geschäftspartner Mr. Thiru. Der Namensträger läßt erkennen, ob er sich lieber mit dem ersten oder letzten Namensteil anreden läßt.

• Eine **Inderin ersetzt nach der Heirat gewöhnlich das Initial ihres Vaters durch den Eigennamen ihres Ehemannes** (nicht sein Initial). Wenn also Miss T. Kamala einen M. Thiruselvam heiratet, wird sie förmlich mit Mrs. Thiruselvam, von Freunden mit Kamala angeredet.

• Manche **moderne Inder** nehmen anstelle der traditionellen Initialen **Familiennamen** an.

## Sikh Namen

Inder, die der **Religionsgemeinschaft der Sikh** angehören, erkennt man auf einen Blick am **Bart** und **Turban**, den die Männer tragen, sowie weiteren äußeren Merkmalen. Ihr letzter Guru verlieh den Mitgliedern der Gemeinschaft eine straffe militärische Organisationsform und allen den **Beinamen** *Singh* (»Löwe«). Die Sikh gelten traditionell als **Krieger**. Ihre Religion stellt den Versuch der **Verbindung der Lehren des Hinduismus und Islam** dar. Ihre **Abstammung** leiten sie aus der **väterlichen Linie** ab.

• Ein **Namensbeispiel** für einen **männlichen Sikh** ist Bhopinder Singh, s/o (= Sohn des) Joginder Singh. Bhopinder ist der Eigenname. Seine Freunde nennen ihn Bhopinder und seine Geschäftspartner Mr. Bhopinder Singh. **Singh ist kein Familienname, sondern der Beiname aller männlichen Sikh.** Dieser Brauch soll zum Ausdruck bringen, daß sich die Sikh als Mitglieder einer Gemeinschaft fühlen, in der anders als bei den Hindu **die Kaste ihre Bedeutung verloren hat**. Joginder Singh ist der Name des Vaters von Bhopinder, und da Sikh keinen Familiennamen besitzen, verwenden sie »son of« (s/o) oder »daughter of« (d/o), um ihre Abstammung anzuzeigen.

• Ein **Namensbeispiel** für eine **weibliche Sikh** wäre Kamaljeet Kaur, d/o Gurdev Singh, verheiratete Bhopinder Singh. Ihren Freunden ist sie unter dem Namen Kamaljeet bekannt. Ausländer nennen sie Mrs. Bhopinder Singh. **Kaur lautet der sämtlichen Sikh Frauen erteilte Name.** Auch er stellt keinen Familiennamen dar. Gurdev Singh lautet der Name ihres Vaters.

• Der Trend unter den Sikh geht dahin, **einen dritten Namen als Familienbezeichnung ihrem Namen hinzuzufügen**. Dieser Name teilt gewöhnlich

*Früher Krieger von legendärem Ruf, sind die Sikh heute zumeist unmartialische Menschen, die Spaß und Unterhaltung schätzen.*

anderen Sikh mit, **welchem Dorf oder Familienklan die Familie ursprünglich entstammt.** Wäre Bhopinder Singh Angehöriger des Klans der Gil, könnte er sich Bhopinder Singh Gil oder abgekürzt B. S. Gil nennen. Seine Ehefrau hieße dann Mrs. B. S. Gil.

## Bücher

**Bücher sind den Indern heilig.** Aus diesem Grund würden sie sich nie auf ein Buch setzen, es unachtsam in eine Ecke werfen oder **in irgendeiner anderen Weise nachlässig behandeln.** Diese hohe Achtung vor Büchern nahm wahrscheinlich vor langer Zeit ihren Anfang, als die heiligen Schriften die einzigen gedruckten Bücher darstellten. Ferner sind Bücher äußerer Ausdruck für Wissen und Lernen – unschätzbare Güter in den Augen von Asiaten. Die Chinesen hegen eine ebensolche Achtung vor dem gedruckten Buch.

## Kleidung

Treten Sie zu Indern in Kontakt oder sind Sie zu Indern nach Hause eingeladen, sollten Sie sich **nicht freizügig kleiden.** Dezente Kleidung ist in Asien stets ratsam. Deshalb: keine Shorts, keine Mini-Röcke, keine enganliegenden, trägerlosen, rückenfreien Kleider oder Kleider ohne BH außerhalb des privaten Bereiches oder Strandaufenthalts.

125

# Gesten und Berührungen

• **Rufen Sie nie jemanden herbei, indem Sie mit dem Finger winken.**
Inder winken stets mit der **ganzen Hand** heran, die sie, Handballen nach
unten, von oben nach innen bewegen.

• **Tätscheln Sie einem Hindu Kind nie den Kopf.** Die meisten Asiaten
schätzen Kopfberührungen ganz und gar nicht. Ihnen gilt der Kopf als emp-
findlichster und seelenvollster Körperteil, der Achtung und entsprechende
Behandlung verdient.

• **Vermeiden Sie den körperlichen Kontakt mit Angehörigen des anderen Geschlechts.** Männer dürfen andere Männer berühren und ebenso Frau-
en ihre Geschlechtsgenossinnen. Männer und Frauen hingegen sollten einander nicht zu nahe kommen. **In der Öffentlichkeit** sind die Anstandsregeln
strikt zu beachten.

• **Inder halten zu Angehörigen des anderen Geschlechts einen »Schick-
lichkeitsabstand«** von ungefähr einer Armeslänge. Die ältere Generation
hält sich strenger an die Grenzen dieser »Pufferzone« als die jüngeren Inder.
Sollte Ihnen auffallen, daß ein Inder sich einen Schritt von Ihnen fortbewegt,
so heißt dies nicht unbedingt, daß Sie aus dem Mund riechen oder Körpergeruch verströmen. Es weist Sie lediglich darauf hin, daß Sie ihm zu nahe
gekommen und in sein »Hoheitsgebiet« eingedrungen sind.

• Vermutlich werden Sie im Gespräch mit Indern gewisse **Kopfbewegun-
gen** zunächst verwundern. Inder **rollen den Kopf von einer Seite auf die
andere**, wie offenbar nur sie es vermögen. Diese Geste bedeutet **Zustimmung** oder **Einverständnis**. Da sie sich kaum von unserem »nein« signali-
sierenden Kopfschütteln unterscheidet, kann es hier also leicht zu **Mißverständnissen** kommen.

## Die rechte Hand

Inder benutzen beim gesellschaftlichen Umgang **niemals die linke Hand**.
(Sie ist der Körperreinigung nach einer Sitzung auf der Toilette vorbehalten.) **Denken Sie daran, wenn Sie Geschenke, Lebensmittel, Geld oder
anderes überreichen.** Ebenso sollten Sie nie etwas mit der linken Hand ent-
gegennehmen, beispielsweise beim Einkauf Ware oder Wechselgeld von
einem indischen Ladeninhaber. Wenn Sie einen schweren Gegenstand mit
der rechten Hand überreichen, können Sie selbstverständlich mit der linken
die rechte Hand unterstützen.

## Einkaufen

• Wie bei den Chinesen gilt es auch bei den Indern als **gutes Omen für den
kommenden Tag, wenn der erste Kunde eine Ware, möge sie auch noch
so billig sein, ersteht.** Verläßt er den Laden, ohne etwas erworben zu haben,

126

*Wie bei den Chinesen gilt auch bei den Indern als gutes Omen für den kommenden Tag, wenn der erste Kunde etwas kauft, und sei es noch so billig.*

so ist dies ein übles Vorzeichen. Jedoch wiegt dieser Aberglaube bei den Indern etwas weniger schwer als bei den Chinesen.

• **Geld und Ware** sollten stets mit der **rechten Hand** überreicht und entgegengenommen werden.

• **Berühren Sie nie einen Angestellten des anderen Geschlechts.**

## Rauchen

• **Bieten Sie einer Inderin keine Zigarette an.** Die meisten rauchen ohnehin nicht.

• Bitten Sie in einem **indischen Haushalt** stets um die **Raucherlaubnis.** Sind **ältere Inder anwesend**, empfiehlt es sich, ganz auf das Rauchen zu verzichten.

• Selbst **erwachsene Inder rauchen nicht in Anwesenheit ihrer Eltern.** Dies ist eine Geste des Respekts.

• Da ihre Religion den Sikh das Rauchen untersagt, sollten Sie **im Hause eines Sikh nicht einmal um Raucherlaubnis bitten.**

## Tempelbesuche

• Vor Betreten eines Tempels sind die **Schuhe abzustreifen**. Stellen Sie sie links oder rechts des Eingangs ab, um nicht den Zugang zu erschweren.

• Inder **treten nie auf eine Schwelle**, sondern **steigen über sie hinweg.**

127

• Inder reinigen sich vor einem Tempelbesuch meist gründlich. Im Tempel waschen sie nochmals Füße, Gesicht und Augen, bevor sie das Innere betreten. Auch ausländische Besucher sollten vor dem Betreten aus Höflichkeit und Respekt ihre **Füße waschen.**

• **Statuen** oder **religiöse Bilder** im Tempelinneren dürfen **nicht berührt** werden.

• Es ist gestattet, **leise zu sprechen und umherzugehen.** Verhalten Sie sich jedoch ruhig, wenn eine religiöse Handlung vollzogen wird.

• **Betreten Sie nicht das Allerheiligste.** Dies ist gewöhnlich der Ort, an dem die Statuen der Götter aufbewahrt werden.

• **Frauen** dürfen einen Tempel **während der Menstruation nicht betreten.**

• Auch hier gilt: Wählen Sie **dezente Kleidung. Männer** tragen im Tempel **keine Kopfbedeckung.**

• Bitten Sie um Erlaubnis, wenn Sie **fotografieren** möchten.

• Sollten Sie einen Priester um ein Gebet bitten, so geben Sie ihm zugleich eine kleine **Spende.**

## Tips für Gäste in einem indischen Haus

### Einladungen

• Ein Inder spricht eine **Einladung zum Abendessen oder einem ähnlichen Anlaß so wenig förmlich wie möglich** aus. Er lädt Sie eher telefonisch oder persönlich als schriftlich ein, es sei denn, es handelt sich um ein besonders wichtiges Ereignis wie etwa ein Hochzeitsbankett.

• Fordert ein indischer Bekannter Sie auf, »abends einmal vorbeizukommen«, bedeutet dies irgendwann nach 16.00 Uhr. Es empfiehlt sich daher, **für Besuche eine feste Uhrzeit auszumachen.**

• Inder bevorzugen **Einladungen, bei denen Zeit und Ort fest vereinbart wurden.** Sagen Sie also nicht vage: »Ach, schauen Sie doch gelegentlich einmal bei mir vorbei!« Besser wäre der Vorschlag: »Möchten Sie nicht morgen gegen halb elf auf einen Tee vorbeikommen?«

• Inder schätzen **Einladungen, die genau besagen, wer willkommen ist**: das Ehepaar, die Kinder oder die ganze Familie.

• Inder erscheinen meist **pünktlich** zu Einladungen und Verabredungen, deshalb sollten Gäste weder zu früh noch zu spät aufkreuzen. Eng befreundete Inder allerdings halten sich bei Verabredungen nicht selten an die **»indische Standardzeit«,** das heißt: sie finden sich etwa eine Stunde oder noch später als zum abgemachten Zeitpunkt ein.

### Schuhe

• Die meisten Inder tragen **im Haus keine Schuhe.** Man stellt sie zu beiden Seiten der Eingangstür oder nahebei an einem dazu bestimmten Ort ab.

*Inder reinigen sich meist gründlich, bevor sie einen Tempel besuchen.*
*Im Tempel waschen sie nochmals Füße, Gesicht und Augen,*
*bevor sie das Innere betreten.*
*Will ein Ausländer höflich sein, so wäscht auch er vor dem Betreten seine Füße.*
*(Hindu Tempel in Georgetown, Penang)*

»Verwestlichte« Inder halten sich oft nicht mehr an diese Regel. **Achten Sie deshalb auf das Verhalten der Familienangehörigen**, und richten Sie sich danach.

• Selbst wenn eine indische Familie im Haus die Schuhe nicht ablegt, so betritt sie doch die **Küche** ohne Schuhe, da Inderinnen in ihr auf dem Boden sitzen und das Essen vorbereiten.

• In manchen traditionellen indischen Haushalten ist ein **Zimmer mit einer Gebetsnische** eingerichtet. In diesem sogenannten *Pooja*-Raum befinden sich Statuen oder Bilder hinduistischer Gottheiten. Hier sind die Schuhe selbstverständlich abzulegen.

129

# Sitzen

• **Warten Sie, bis man Sie auffordert, Platz zu nehmen**, und setzen Sie sich auf den Ihnen zugewiesenen Platz.
• Meist sitzt man auf **Stühlen**. Sind keine Stühle vorhanden, wie beispielsweise bei Beerdigungen oder Hochzeiten, so können die **männlichen Gäste** sich mit gekreuzten Beinen, **Frauen** mit geschlossenen Knien, die Beine rechts oder links an den Körper gelegt, **auf den Bodenmatten niederlassen.**
• **Schlagen Sie in Anwesenheit älterer Inder nicht die Beine übereinander**, und lümmeln Sie sich nicht lässig auf dem Sofa. **Erweisen Sie stets die nötige Achtung:** Erheben Sie sich oder deuten Sie dies zumindest an, wenn eine ältere Person zum erstenmal das Zimmer betritt. Ein Inder sagte mir einmal: »Wenn mein Vater ins Zimmer kommt, rutschen meine übereinandergeschlagenen Beine unverzüglich auseinander.«

# Gespräche

• **Gespräche zwischen Männern und Frauen beschränken sich meist auf ein Minimum.** In der Anwesenheit von Frauen sollten Männer ihre Zunge im Zaum halten – **keine zweideutigen Scherze oder Gespräche über Sex**, auch wenn sie noch so harmlos gemeint sein sollten.
• **Vermeiden Sie ebenfalls Diskussionen über Politik und Religion.** Inder sind bereit, über Religion zu sprechen, wenn sie den Eindruck gewinnen, daß das Interesse des Gastes ernsthaft ist. Doch gilt es als verpönt, über Religion zu diskutieren oder gar zu polemisieren.

# Trennung nach Geschlechtern

• In vielen **traditionellen indischen Haushalten** nimmt eine **indische Frau in Anweseneit von Männern nicht Platz**. Sie bedient sie oder hält sich in der Küche oder einem anderen Zimmer des Hauses auf.
• Sind männliche wie weibliche Gäste zugegen, ist es nicht ungewöhnlich, daß **Frauen und Männer nach Geschlechtern getrennt in unterschiedlichen Räumen beisammensitzen.**
• Manche moderne oder stark westlich beeinflußte Inder haben diesen Brauch begraben. Selbst traditionell eingestellte Inder beachten diese Sitte oft dann nicht, wenn sie westliche Gäste bewirten. **Hält man sich jedoch, obwohl westliche Gäste eingeladen wurden, an die Geschlechtertrennung, so sollten Sie sich fügen.**

# Verhaltenshinweise für Gäste

• **Weibliche Gäste** sollten sich **dezent kleiden**, wenn sie Inder besuchen.
• Als **Gastgeschenke** eignen sich Obst oder Süßigkeiten für die Kinder.

• Gäste werden im **Wohnzimmer** empfangen und bewirtet. Sie sollten deshalb **nicht im Haus herumspazieren** und die anderen Zimmer besichtigen, es sei denn, man fordert Sie dazu auf.

• Westlichen Besuchern bereitet man in einem indischen Haushalt ein warmes Nest. Der indische Gastgeber freut sich, wenn der Gast sich als Mitglied der Familie fühlt. **Gäste sollten sich daher nach den Familienbräuchen richten und möglichst der Alltagsroutine anpassen.** Trägt die Familie im Haus keine Schuhe, so folgen Sie diesem Vorbild. Indische Gastgeber schätzen **anpassungsfähige, gutgelaunte Gäste.** Greifen Sie beim Essen herzhaft zu! **Es schmeichelt Ihrer Gastgeberin, wenn Ihnen ihr Essen mundet.**

• Es ist eine übliche Geste der Aufmerksamkeit und Höflichkeit, daß **weibliche Gäste der Gastgeberin Hilfe im Haushalt anbieten.**

• Es verletzt indische Gastgeber nicht, wenn Sie Ihre **Unternehmungen auf eigene Faust planen und durchführen.** Höflicherweise sollten Sie die Familie aber **über Ihre Vorhaben informieren**, etwa wenn Sie Einkäufe erledigen oder auswärts essen wollen.

• **Geht ein Angehöriger der Familie außer Haus, verabschiedet man ihn nicht mit einem »Adieu!«** – dies gälte als böses Omen. Man sagt vielmehr: »Geh und komm wieder!« Die ausgehende Person verläßt das Haus mit den Worten: »Ich gehe jetzt und komme wieder.« Werden diese **Abschiedsfloskeln** nicht ausgetauscht, so könnte nach alter indischer Überzeugung ein Unheil geschehen. Darum empfiehlt es sich, sich als Logiergast diesem Brauch anzuschließen.

• Inder **rufen niemanden kurz ins Haus zurück, der beim Hinausgehen seinen Fuß bereits über die Schwelle gesetzt hat.** Muß jemand umkehren, weil er etwas vergessen hat, darf er das Haus erst dann ein zweites Mal verlassen, nachdem er sich nochmals hingesetzt und einen Schluck oder Bissen zu sich genommen hat.

• Es **verlassen nie drei Menschen zugleich das Haus.** Zwei übernehmen die Führung, der dritte folgt ihnen ein wenig später. Andernfalls stünden ihre Vorhaben unter einem unglückseligen Stern.

• **Waschgelegenheiten:** In Singapur und Malaysia besitzen viele indische Haushalte eine **Standarddusche**, die anderen lediglich **Wasserhahn und Eimer.** Bei der **traditionellen indischen Körperpflege** trägt man Öl auf Haar und Körper auf, scheuert und massiert den Rücken mit einer Bürste aus Pflanzenmaterial und seift sich erst danach ein. Alsdann spült man den Körper mit Wasser aus Dusche oder Eimer ab. Inderinnen pflegen ihre Haut mit einem Reinigungsritual, dem sie sich vor dem Waschen unterziehen und bei dem sie eine Paste aus besonderem Mehl und Wasser auf Haar und Haut auftragen. Angeblich soll diese die Haut jugendlich und weich erscheinen lassen. Achten Sie auf die Haut einer Inderin, und Sie werden bemerken, daß in dieser Überzeugung mehr als ein Körnchen Wahrheit steckt.

• Meist finden Sie eine **Hocktoilette** vor. Eventuell ist für Gäste **Toiletten-**

**papier** vorhanden, obwohl es hygienischer ist, ebenfalls den Eimer mit Wasser und die linke Hand zum Reinigen zu benutzen.

• Inder machen einander selten **Gastgeschenke**. Lieber erwidern Sie den Besuch. Doch da sich vielen Ausländern dazu nicht die Gelegenheit bietet, wären ein hübsches Geschenk für den Haushalt, etwa ein Servierteller mit Obst, oder ein Sari-Stoff eine durchaus angebrachte aufmerksame Geste. Hat die Familie Kinder, sollte man die Sprößlinge bedenken. Und mit einem **Dankschreiben** nach dem Besuch geht man nie fehl.

## Geschenke

• Auch Inder **packen Geschenke in Anwesenheit der Gäste nicht aus**, sondern pflegen sie beiseitezulegen, bis der Gast das Haus verlassen hat.
• Zu bestimmten **jährlich wiederkehrenden Anlässen** wie dem *deepavali* **stellt man Geschenke wie Obst und Süßigkeiten oft vor dem Altar ab**.
• Mit einer Einladung zum Abendessen oder einem Gegengeschenk kann man sich **für ein Geschenk bedanken**.
• Wählen Sie **keine Geschenke in den Farben Weiß und Schwarz**. Rot, Gelb, Grün und alle kräftigen Töne verheißen den Indern Fröhlichkeit.
• **Geldgeschenke** übergibt man in **ungeraden Beträgen**. Gewöhnlich fügt man dem Sockelbetrag einen Dollar hinzu, um zu einer ungeraden und damit glückversprechenden Summe zu gelangen: 11, 21 Dollar usw.
• **Verschenken Sie nie unbedacht Jasminblüten**, auch wenn diese wohlriechenden Blüten Sie an Brautsträuße denken lassen. In Büscheln auf Bäumen ihren Duft entfaltend, werden Sie sie in Singapur und Malaysia häufig sehen. Zu Kränzen geflochten, versendet man sie oft anläßlich von Bestattungen.
• **Schenken Sie einem Sikh nie Zigaretten oder Aschenbecher. Alkohol** sollten Sie als Geschenk vermeiden, es sei denn, Ihnen ist bekannt, daß der Hausherr kein Kostverächter ist.
• Überreichen Sie einem Inder Ihr Geschenk stets mit der **rechten Hand**. Stützen Sie nötigenfalls die rechte Hand mit der linken ab.

## Essen und Trinken

Die hier angeführten Einschränkungen begrenzen sich auf die **Bräuche der Hindu und Sikh**. Die **religiösen Vorschriften der indischen Muslime** entsprechen den bereits beschriebenen **malaiischen Eß- und Trinkgewohnheiten**.

• Die meisten Inder verzehren **kein Rindfleisch**. Denn Kühe genießen religiöse Verehrung und gelten als heilige Tiere, die den Menschen ihre lebensbewahrende Milch spenden. Die Kuh ist daher Symbol mütterlicher Lebenskraft.
• Viele Inder essen **freitags kein Fleisch**, manche ernähren sich rein **vege-**

*Aus der indischen Speisekarte:*
**Huhn**-Masala, **Karotten**-Pachadi (*rechts*), **Kohl-Karotten-Salat mit Chili** (*oben*).

**tarisch**. Bevor Sie Inder einladen, sollten Sie sie daher fragen, ob sie Fleisch essen.

• Inder lieben **scharfe Gewürze**. Vergessen Sie bei der Bewirtung indischer Gäste daher nicht, eine Flasche mit roter Pfeffersoße auf den Tisch zu stellen. Es wäre vergebene Liebesmühe, Gerichte mit delikaten Kräutern und Saucen für Ihre indischen Bekannten zuzubereiten: Sie werden unweigerlich mit scharfem Chili sämtlichen Feinsinn Ihrer Kochkunst in höllischem Fegefeuer verbrennen.

• **Farben** erhöhen den Augenschmaus: Rot (Chili), Braun (Curries) und Gelb (Kurkuma) setzen in der indischen Küche kräftige Farbtupfer. Die Far-

133

ben fördern zusammen mit dem pikanten Geschmack indischer Gerichte erheblich den Appetit.

• Inder pflegen **die Zutaten, auch Gemüse, gut durchzukochen.** Vermutlich ergänzen deshalb zumeist keine frisch zubereiteten, rohen Salate ihre Mahlzeiten.

• Wichtige Bestandteile der **nordindischen Küche** sind **Linsen** *(dal)* und **Fladenbrot** aus Vollkornweizen wie *chapati* und andere Spezialitäten. Produkte aus **Vollkornweizen** bilden einen Hauptanteil der Ernährung. Die **südindische Küche** dagegen bevorzugt **Reis**, ohne den eine Mahlzeit unvollständig bleibt.

• Eine indische Spezialität ist **Joghurt.** Zu einem beliebten Getränk wird er mit wenig Wasser und zerschlagenem Eis gemixt, dem man nach Belieben Salz oder Zucker hinzufügt. (Inder aus dem Süden ziehen Salz, Inder aus dem Norden hingegen Zucker vor.)

• **Süße und reichhaltige Nachspeisen** verschmähen die Inder nicht – ganz im Gegenteil.

• Zu den von Indern in der Regel **nicht geschätzten Speisen** zählen: stark riechender Käse europäischer Herkunft, Muscheln und andere Schalentiere, halbgare oder rohe Kost oder sanft gewürzte Lebensmittel.

## Tischsitten

### Gedeck

• **Servierschalen** mit den Speisen stehen gewöhnlich in der Tischmitte.

• **Teller** werden nach westlicher Manier gedeckt.

• Manchmal werden die Gerichte auf **Bananenblättern** praktisch und ansehnlich angerichtet.

• Westlichen Gästen reicht man **Löffel und Gabel.**

• **Messer** gelangen nicht auf den Tisch, da alle Speisen mundgerecht zubereitet sind.

### Sitzordnung

• **Ungezwungenheit** lautet die Parole. Es gibt also meist **keinen besonderen Ehrenplatz**, doch sitzt gewöhnlich das Familienoberhaupt am Tischende.

• **Der Gastgeber fordert seine Gäste zumeist auf, dort Platz zu nehmen, wo es ihnen beliebt.** Manchmal bittet er einen Gast, an seiner Seite oder ihm gegenüber Platz zu nehmen.

• Traditionell **sitzen und speisen Männer und Frauen getrennt.** Dabei bedienen die Frauen zunächst die Männer und essen erst, nachdem diese gesättigt sind. Für **Gäste aus dem westlichen Ausland** macht man jedoch häufiger eine Ausnahme. Bei **zwanglosen Zusammenkünften**, bei denen ein Buffet aufgefahren wird, bedienen sich die Frauen gewöhnlich zuerst, danach die Männer. Dann herrscht auch keine nach Geschlechtern getrennte Sitzordnung.

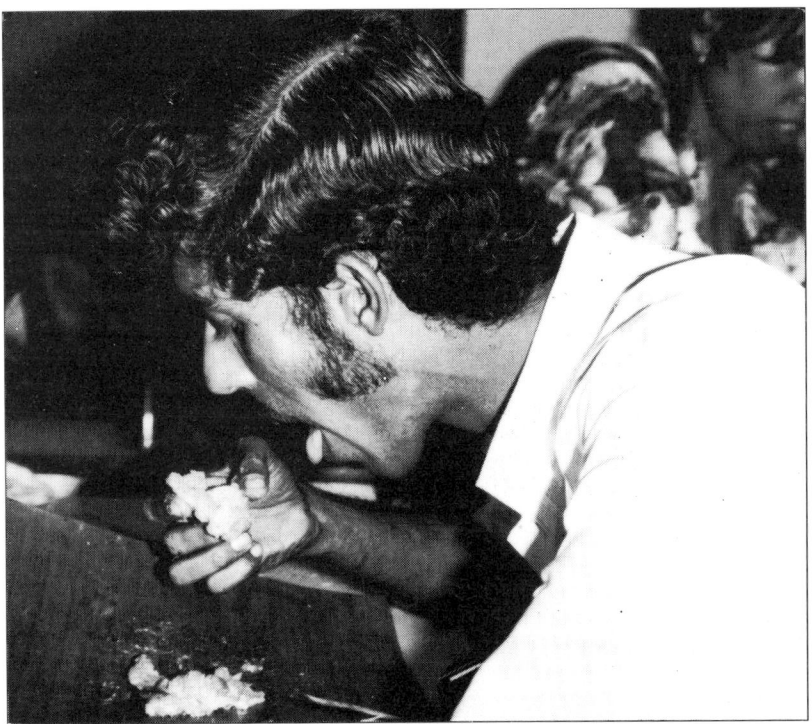

*Essen mit der Hand ist eine genußreiche, sinnliche Speiseform. Der gläubige Hindu wird stets ein Häppchen seiner Speise den Göttern zum Opfer bringen, bevor er selbst zu speisen beginnt. Die Finger dienen nur bis zum zweiten Knöchel als technisches Mittel der Nahrungsaufnahme, und die Zunge sollte dabei auch nur soweit wie nötig herausgestreckt werden.*

### Eßmanieren

• Inder pflegen vor dem Essen die **Hände zu waschen**.

• **Traditionelles »Eßbesteck« sind die Finger der rechten Hand.** Es ist tabu, die **linke Hand** zum Essen einzusetzen. Doch kann man mit ihr einen Servierteller weiterreichen oder ein Glas halten, wenn die rechte Hand von den Speisen verklebt ist.

• **Gäste** können selbstverständlich ebenfalls mit der rechten Hand essen oder, wenn ihnen dies leichterfällt, Löffel und Gabel verwenden. Bei **Feiern**, so etwa Hochzeitsbanketten, ist es höflich, zum Essen die Hand zu benutzen, statt nach Löffel und Gabel zu verlangen, die vielleicht nicht einmal vorhanden sind.

• **Fachgerechtes Essen mit den Fingern:** Inder drücken und formen die Speisen zu einer kleinen Kugel und befördern diese vorsichtig in den Mund, indem sie die Hand nach oben drehen. Dabei achten sie darauf, nichts fallen

135

zu lassen. Die meisten sind derart geschickt, daß nicht ein Reiskörnchen hin-abfällt – eine elegante Übung, die schwieriger ist, als sie aussieht!

• Sie sollten **weder die Finger ablecken noch absaugen**. Oberhalb der zweiten Fingerknöchel sollte die Hand sauber bleiben.

• Der Gastgeber nimmt einen Servierteller und reicht ihn dem Gast mit der Aufforderung, sich zu bedienen, oder er legt eigenhändig dem Gast vor. **Der Gastgeber greift zuletzt zu.**

• Die Person, die die Speisen anbietet, achtet sehr darauf, den **Teller mit dem Servierlöffel nicht zu berühren.**

• Inder sehen es gerne, wenn **Gäste beim Essen kräftig zulangen** und auch nicht auf einen Nachschlag verzichten. Über »heikle« Esser freuen Gastge-ber und Gastgeberin sich ganz und gar nicht.

• Manchmal werden die **Speisen auf Bananenblättern serviert.** Das Blatt ist dann meist rechteckig beschnitten und etwas ausladender als der Servier-teller. Viele verschiedene Saucen und Curries sind um einen Reishügel arrangiert. Das Blatt ist größer als notwendig, um dem Esser bei Tisch aus-reichend Ellbogenfreiheit zu gewährleisten. Am Ende der Mahlzeit wird das Blatt einmal gefaltet. Die meisten Inder, die wir beobachtet haben, falteten das Blatt vom Körper weg. Andere wiederum meinten, es drücke Anerken-nung für die Gastgeberin aus, wenn man das Blatt zu sich hin falte.

• Ihre **Ellbogen** sollten nicht aufrecht, als wollten Sie Ihren Kopf abstützen, auf dem Tisch ruhen. Man kann den linken Ellbogen auf dem Tisch absetzen, sofern die linke Hand dabei zum Schoß hin gewendet und damit »außer Sicht« ist.

• Auf die Angewohnheit, **vom Teller des Ehemannes oder der Ehefrau** ein Häppchen zu kosten, sollten Sie im Beisein von Indern besser verzichten.

• **Nach der Mahlzeit** kann man das **benutzte Besteck beliebig auf dem Teller ablegen.** Inder **waschen nach dem Essen die Hände und spülen den Mund mit Wasser** aus der Leitung.

• Man **verläßt die Tafel nicht, ehe alle Tischgäste zu Ende gespeist haben.**

• Anders als die Chinesen, die sich gleich nach dem Essen verabschieden, **unterhalten Inder sich nach dem Abendessen** noch eine Weile im Wohn-zimmer.

## Pubertät

Manche Inder begehen es mit einem Fest, wenn ihre Töchter zu Frauen rei-fen. Die **Tamilen aus Sri Lanka** vollziehen zu diesem Anlaß **das Ritual** *chamthi chadanja*. Üblicherweise findet es **nach der ersten Mensis** eines Mädchens statt, in **Singapur** und **Malaysia** aber auch **kurz vor der Ver-mählung.**

Die Zeremonie wird auf ein **ungerades Datum** gelegt, beispielsweise den siebten, neunten oder elften Tag eines Monats. Das Mädchen trägt einen

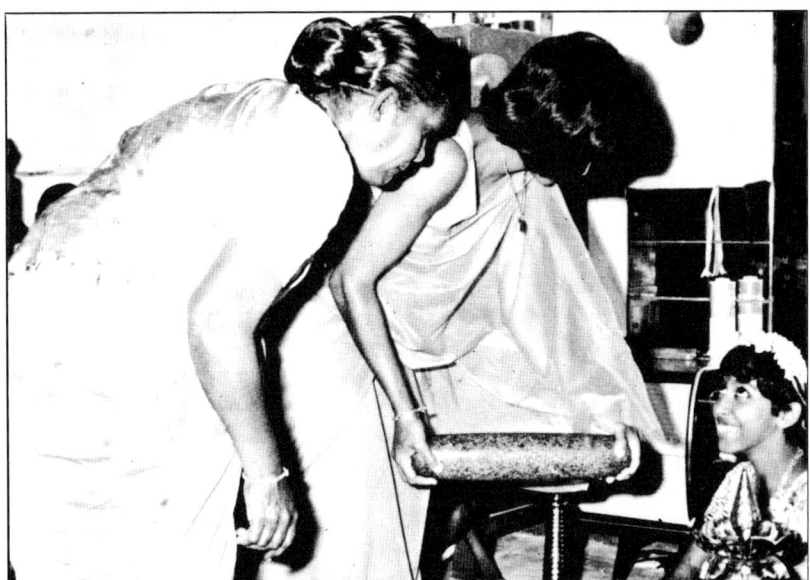

*Zeremonien begleiten das Leben. Kommt ein Mädchen in die Pubertät und über-
schreitet damit die Schwelle vom Kind zur Frau, so wird dies mit einem besonde-
ren Ritual begangen. Während sie verschiedene Gegenstände von symbolischer
Bedeutung in Händen halten, schreiten die Tanten des Mädchens dreimal im
Kreis um es herum. Auf dem Foto zeigen sie ihm einen Mahlstein,
Symbol der Treue.*

neuen Sari ohne schwarze Einwebung, denn **Schwarz ist die Farbe des
Bösen**. Man führt es zu seinen Verwandten, zwischen denen es Platz nimmt.
**Drei glücklich verheiratete und mit Kindern gesegnete Frauen** umsor-
gen es. Sie **symbolisieren das künftige Eheglück** des jungen Mädchens.
Eine der drei Frauen ist die Ehefrau des Bruders seiner Mutter, deren Sohn
der bevorzugte Ehepartner wäre. Man legt dem Mädchen Zweige, Schlamm
und tote Blätter zu Füßen. Sie versinnbildlichen den Schmutz, der in einem
**symbolhaften Reinigungsritual** hinweggewaschen wird. In jeder Hand
hält das Mädchen ein kleines Bündel mit einer 10-Cent-Münze und einer in
ein Betelblatt gewickelten Arekanuß.
Ein Onkel mütterlicherseits hält einen Kübel mit Milch, Münzen und dünnen
Grashalmen, den **Symbolen für Reinheit, Wohlstand und Fruchtbarkeit**,
in der Hand. Er sprenkelt ein wenig Milch auf das Haar des Mädchens. Seine drei »Dienerinnen« und einige andere Verwandte, insgesamt eine ungerade Anzahl von Anwesenden, folgen seinem Beispiel. Danach halbiert der
Onkel eine **Kokosnuß**: Gelingt ihm dies, ohne daß die Nuß gezackte Ränder
aufweist, wird dem Mädchen, so glaubt man, eine glückliche Heirat bevor-
stehen.

137

Eine ungerade Anzahl verheirateter Frauen, meist neun oder elf, überbringt den drei »Dienerinnen« des Mädchens Tabletts. Diese werden im Kreise um das Mädchen getragen.

Zu den vielen symbolischen Gegenständen auf den Tabletts gehören: ein mit *padi* (ungeschältem Reis) reich gefüllter **Bambusbehälter als Symbol für ein langes Leben**; ein aufrecht im *padi* steckender scharfer Gegenstand wie etwa ein **Messer zum Schutz gegen das Böse** (die Inder glauben, in diesem Lebensabschnitt gefährdeten böse Geister ein Mädchen); eine **brennende Lampe, die die Charaktereigenschaften Frohsinn, Klugheit und Fröhlichkeit entfachen soll.**

Schließlich erhält das Mädchen einen Behälter mit einer **ganzen Kokosnuß**, an der noch einige Faserreste haften und die auf Mangoblättern ruht. In der Mitte der Kokosnuß leuchtet ein **roter Punkt, der den bösen Blick abwenden soll.** Das Mädchen überreicht die Nuß dem Onkel und seiner Frau zum Zeichen seines Dankes.

Danach überreichen Verwandte und Freunde dem Mädchen **Gold- oder Geldgeschenke** in ungeraden Beträgen. Nach der Zeremonie wird das Mädchen zum Bad geleitet und sein Sari verschenkt, den es nie wieder tragen soll.

Die Gäste bewirtet man mit einem **vegetarischen Essen.** Zu dieser Zeremonie werden in der Regel nur enge Freunde und Verwandte geladen.

**Indische Jungen** werden gewöhnlich **nicht beschnitten** und durchlaufen auch **kein Pubertätsritual.**

## Zu Gast bei Pubertätsfeiern

• **Geschenke:** Sollten Sie zu einer solchen Zeremonie eingeladen werden, so wählen Sie ein Gold- oder Geldgeschenk.

• **Kleidung: Frauen** sollten sich wie immer dezent kleiden. **Männer** können Freizeithosen und Sporthemd tragen.

## Rendezvous und Brautwerbung

Junge Inder, besonders junge Frauen, gehen so gut wie nie Verabredungen ein. Sie treffen sich innerhalb einer Schul- oder Freundesgruppe, doch **Einzelverabredungen sind verpönt. Die Frauen werden von ihren Familien streng behütet.**

**Universitätsstudenten** verhalten sich zwar oft lässiger, doch selbst sie beachten die Traditionen und die Werte der indischen Gemeinschaft.

Heiraten werden überwiegend noch durch **Vermittlung** eingeleitet und mit nachfolgender Zustimmung des Paares besiegelt. Doch erheben die Eltern meist keinen Einspruch, wenn die jungen Leute ihre **Ehepartner selbst wählen.** Allerdings legt man Wert darauf, daß das Paar ein und derselben sozialen Schicht, Kaste und Gemeinschaft angehört.

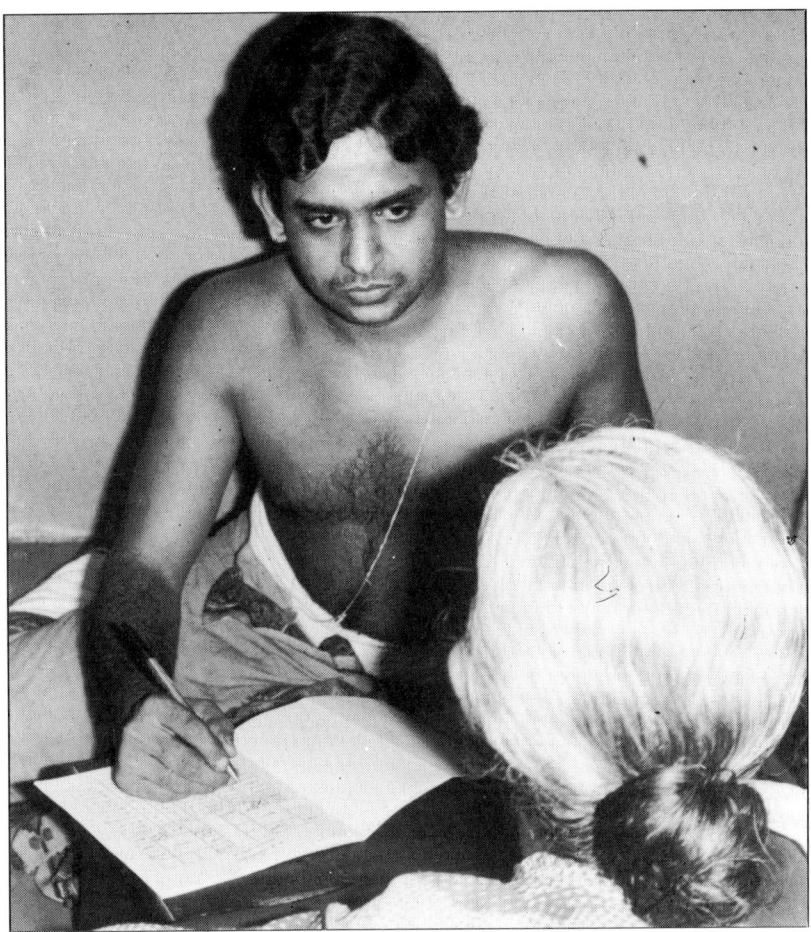

*Ein Tempelpriester gibt Rat: Er wählt ein Glücksdatum für die Hochzeit.*

## Verlobung

Viele Inder in Singapur und Malaysia begehen die nur wenige Monate vor der Heirat stattfindende Verlobung **nahezu so festlich wie eine Heirat.**

Ein enger Freund der Familie übernimmt als **Vermittler** die delikate Aufgabe, die Verhandlungen zwischen den beiden Familien zu führen. Anhand der **Horoskope** des jungen Mädchens und jungen Mannes bestimmt ein Priester einen **glückverheißenden Hochzeitstermin.**

Die **Verlobungsfeier** findet gewöhnlich im Haus des Mädchens statt. Die Brauteltern heißen dabei Eltern, Verwandte und Freunde des Bräutigams

139

offiziell willkommen. Das Mädchen, fast so prächtig herausgeputzt wie zur Hochzeit, sitzt auf einer Matte zwischen seinen Eltern. Vor ihm steht ein Tablett mit Kokosnüssen, Blumen, Öllampen und anderen Dingen. Manchmal ist auch ein Priester anwesend, der das Pärchen segnet. Der Vermittler verkündet die Verlobung, sobald **das Paar die Ringe tauscht.**

Von diesem Zeitpunkt an können die Verlobten sich zu **Verabredungen** treffen. Dennoch muß weiterhin der »Anstand« gewahrt bleiben und hat das Mädchen beispielsweise zu einer sittsamen Zeit heimzukehren.

## Zu Gast bei einer Verlobungsfeier

• **Geschenke:** Enge Verwandte überreichen Geschenke, Bekannte und Freunde hingegen nicht.
• **Kleidung: Frauen** sollten sich – wie zu allen anderen Anlässen – zurückhaltend kleiden; die Knie zum Beispiel sollten bedeckt sein. **Männer** können sich zwangloser anziehen.

## Heirat

**Traditionell gesonnene Inder** heiraten nur **innerhalb der eigenen sozialen Schicht, Kaste und Gemeinschaft.** Auch **Verwandtenehen** sind üblich. So darf ein junger Inder die Tochter der Schwester seines Vaters oder die Tochter des Bruders der Mutter, also »**überkreuzte**« Cousins, heiraten. Dagegen darf er nicht die Tochter des Bruders seines Vaters oder die Tochter der Schwester seiner Mutter, **sogenannte parallele Cousins,** heiraten. Parallele Cousins werden fast als Geschwister angesehen.

**Inder aus dem Süden,** die ihre Abstammung **patrilinear** regeln, ziehen es vor, wenn der Sohn die Tochter des Bruders seiner Mutter heiratet. Die **matrilinear** organisierten **Malaysier** hingegen sehen es lieber, wenn der Sohn die Tochter der Schwester seines Vaters heiratet. Eine **Heirat zwischen Onkel und Nichte** ist in der indischen Kultur gleichfalls zulässig. **Moderne Inder** begrüßen es jedoch zunehmend, wenn die Kinder außerhalb der Verwandtschaft heiraten.

Zumeist handeln **Vermittler** die Heiraten aus. Auf Wunsch und Anweisung der Eltern und mit Zustimmung der Kinder begeben sie sich auf die Suche. Das **durchschnittliche Heiratsalter** liegt bei Frauen zwischen 22 und 23 Jahren, bei Männern zwischen 25 und 28 Jahren. Die indische Gemeinschaft betrachtet die Heirat als **heiligen und ewigen Bund.**

**Symbole für den Ehestand einer Südinderin** sind der **rote Punkt auf der Stirn** und **das *thali,* ein Halsband,** das ihr der Ehemann bei der Heirat anlegt. Die **Heiratssymbole der Nordinder** sind **Armreifen** und ein **roter Strich am Haaransatz** der Frau.

Indische **Hochzeitsrituale** fallen unterschiedlich lang, aufwendig und ausgefeilt aus. Stets aber werden sie von der **Zeremonie des Bäumchenpflan-**

*Als Symbol für ihr neues, gemeinsames Leben pflanzen Brautpaare einen Baum.
Bei dieser Zeremonie treffen die Tanten von Braut und Bräutigam die
Vorbereitungen, während die Gäste, nach Geschlechtern getrennt,
im Hintergrund zuschauen.*

zens begleitet. Das Brautpaar pflanzt als **Symbol für den Beginn des
gemeinsamen Lebens** einen Sprößling in einen kleinen Topf. Besitzt es
einen Garten, so wird das Pflänzchen dorthin umgesetzt, und es gilt als gutes
Omen, wenn es gut anwächst.

Nach der Zeremonie des Bäumchenpflanzens kleidet das Paar sich um. Die
Braut legt vollkommen **neue Gewänder** an, ein Geschenk des Bräutigams,
der damit anzeigt, daß er von nun an für seine Frau verantwortlich ist. Frau-
en, die ein besonders glückliches Eheleben führen, kleiden die Braut an; man
glaubt, daß dabei ein Teil ihres Eheglücks auf die Braut übergeht. Beim
**Höhepunkt der Zeremonie umschreitet das Brautpaar das heilige Feu-
er**, das als reinigendes Element gilt.

Sobald der *thali* um den Hals der Braut gebunden ist, schlägt man heftig die
**Trommeln**, um mögliche als böse Omen geltende Geräusche wie Niesen,
Schneuzen oder Heulen von Hunden zu übertönen. Die Gäste schreiten am
Paar vorbei und bewerfen es mit **ungeschältem Reis** – ein **Symbol der
Fruchtbarkeit**. Im Vorbeigehen händigen sie **Geld- oder Goldgeschenke**
aus, sofern sie diese noch nicht überreicht haben. Die **Hochzeitsnacht** ver-
bringt das Ehepaar im Haus des Bräutigams. Eine Öllampe wird als Will-

kommensgruß angezündet. Das Paar tut gut daran, **mit dem rechten Fuß zuerst über die Schwelle** zu treten, um den »rechten Start« ins Eheleben zu finden.

**Ein warmherziges, liebevolles und sinnliches Eheleben gilt in der indischen Gemeinschaft als ein hohes Gut.** Und wenn frischvermählte Paare Freunde oder Verwandte besuchen, schenkt man ihnen eine Süßigkeit, um sicherzustellen, daß Süße sie ihr Leben lang begleitet.

## Zu Gast bei Hochzeitsfeiern

• Gäste sollten **pünktlich** erscheinen und sich etwa eine halbe Stunde nach Aufheben der Tafel **verabschieden.**

• Ein Familienmitglied nimmt die **Geschenke** bei der Heiratszeremonie oder dem nachfolgenden Empfang entgegen. Man kann sein Geschenk aber auch der Braut persönlich anläßlich eines Besuches kurz vor der Heirat **überreichen.**

• Gaben für den Haushalt sind stets **willkommene Geschenke**; doch man weiß es zu schätzen, wenn sich das Schöne mit dem Nützlichen verbindet. **Geld** kann man in einem Umschlag mit einer traditionellen Hochzeitskarte übergeben. Die Höhe bleibt der Großzügigkeit des Gebers überlassen. Da bei den Indern aber **ungerade Beträge** als glückbringend gelten, fügt man dem Sockelbetrag oft einen Dollar hinzu und spendet beispielsweise 51 oder 101 Dollar.

• **Westliche Besucherinnen** sollten sich schick, doch zurückhaltend in knöchellange Kleider hüllen und auf enganliegende, rücken- oder trägerfreie Abendkleider verzichten. Inderinnen erscheinen in prächtigen, glitzernden Saris und mit reichem Goldschmuck. **Vermeiden Sie Weiß und Schwarz**, die Farben der Bestattung; bei Hochzeiten sind **strahlende Farben** angebracht. **Männer** kleiden sich eher sportlich; gewöhnlich tragen sie Freizeithosen und Sporthemden.

• Die **Schuhe** müssen am Tempeleingang ausgezogen werden, wenn die Zeremonie in einem Tempel stattfindet. **Bei Sikh Zeremonien müssen Männer wie Frauen den Kopf bedecken.** Dies gilt jedoch nicht bei den **anderen indischen Gruppen.**

• Gäste sollten sich **nicht schneuzen**, wenn der *thali* umgebunden wird. Auch bei anderen wichtigen Anlässen, etwa einem Geschäftsabschluß, gilt es als böses Omen, wenn sich jemand schneuzt. Es deutet das Mißlingen des Unternehmens an.

• Zur Unterhaltung spielt **Musik**. Allerdings ist **Tanzen** nicht üblich.

• Findet der Empfang in einer Tempelhalle statt, werden **vegetarische Speisen** aufgetragen. Die Gäste essen normalerweise mit den **Fingern der rechten Hand.** Westlichen Gästen reicht man möglicherweise Löffel und Gabel; andernfalls sollten auch Sie mit der rechten Hand essen. Befinden sich lediglich einige wenige Stühle in der Halle, essen die Gäste **im Stehen.** Speist

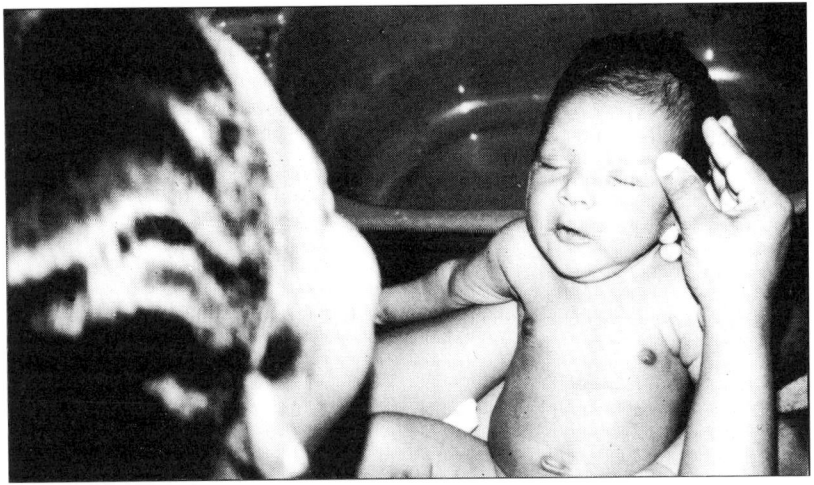

*Welch ein beneidenswertes Baby!*
*In den ersten sechs Monaten seines Lebens genießt es allmorgendlich ein*
*besonderes Bad. Zunächst reibt die Mutter es sanft mit einem duftenden Öl ein.*
*Nach einigen Minuten der Ruhe und Entspannung wiegt die Mutter das Baby*
*auf ihren Beinen, während sie ihm liebevoll und streichelnd Kopf, Gesicht und*
*Körper massiert. Danach badet sie es in einem kleinen Zuber. Nachdem es sich*
*dann an der Brust der Mutter sattgetrunken hat, sinkt es in einen langen*
*Morgenschlummer. Ein Leben wie in Evas Schoß.*

man an langen Tischen, so sollten Sie sich **von Ihrem Platz erst erheben**,
wenn Ihre beiden Tischnachbarn dies tun.

## Geburt

Man glaubt, daß während einer Dauer von **28 Tagen nach der Geburt Mutter und Kind sich in einem Zustand geistiger Gefahr befinden**. Die Mutter hat daher **etliche Vorsichtsmaßnahmen** zu beherzigen: Sie muß eine strenge Diät einhalten; sie darf das Haus nicht verlassen; täglich wickelt man ihren Körper neu ein und gießt während des Bades heißes Wasser auf ihren Bauch, damit er sein früheres Aussehen wiedererlangt.

Das Kind erhält seinen **Namen** nicht vor dem **28. Tag**. Ab diesem Tag gilt das Kind als außer Gefahr, und es findet eine **Feier** statt, zu der Freunde und Verwandte eingeladen werden. Man setzt das Kind auf den Schoß seines Vaters oder eines Verwandten und flüstert ihm seinen Namen leise ins Ohr. Von diesem Augenblick an ist es unter diesem Namen bekannt und wird bei diesem gerufen.

Mehrere Monate reibt und **massiert die Mutter sanft den Kopf des Säuglings**. So soll der Kopf die gewünschte Form erhalten mit abgeflachter Stirn, wohlgeformter Oberlippe und verfeinertem Nasenrücken. Täglich **reibt sie die Augen des Kindes mit Öl ein**, indem sie kreisende Bewegungen über dem Rand des oberen und unteren Augenlids ausführt. Zart dehnt sie die Haut der Augenumgebung, damit die Augen breiter und runder werden. Mit Sesamöl wird das Baby am ganzen Körper gesalbt. Eine ältere Frau unterrichtet die junge Mutter in dieser aufmerksamen und aufwendigen **Babypflege**.

## Tips für Glückwunsche zur Geburt

• **Es bringt kein Glück, eine junge Mutter an einem Dienstag zu besuchen.**
• Der Mutter macht man gewöhnlich keine **Geschenke**. Diese richten sich vielmehr an das Neugeborene. **Goldschmuck** – eine kleine Kette, ein Armband, ein Ring oder eine Fußspange – bereiten stets Freude.
• Oft, besonders wenn es sich um ihr erstes Kind handelt, **gibt die junge Mutter dem Besucher eine Süßigkeit mit auf den Weg**, um ihn dankbar an der Süße ihres Glücks teilhaben zu lassen.

## Bestattungen

Inder meinen, daß **die Seele eines Verstorbenen das Haus und seine Umgebung erst am 16. Tag nach seinem Tod verläßt**. War der Tote seiner Familie besonders innig verbunden, streicht sie gar bis zum 40. Tag umher. Deshalb **brennt im Haus Tag und Nacht eine Öllampe** – das Licht ist ein Symbol der Seele – zum Zeichen des Respekts vor der Seele.

Inder glauben an die Reinkarnation, die **Seelenwanderung**. Ein Mann oder eine Frau wird wiedergeboren, um die bösen Taten im früheren Leben zu sühnen. Die Seele erhält damit Gelegenheit, sich zu reinigen und zu heiligen. Das sehnsuchtsvolle Ziel des geistigen Strebens liegt darin, sich **aus dem Zyklus der Seelenwanderung zu befreien** und den Zustand der Vollkommenheit und der Erleuchtung, das **Nirwana**, zu erreichen, bei dem die Einzelseele im Absoluten aufgeht.

Die **Bestattung** findet gewöhnlich im Hause des Verstorbenen statt. Man bittet ein in den Bestattungsritualen erfahrenes Mitglied der Gemeinschaft um Beistand bei der Durchführung der **Zeremonie**. Meist wäscht der älteste Sohn den verblichenen Vater und reinigen die Töchter ihre verstorbene Mutter. Man hüllt die Leiche in neue Kleider und bettet sie in einen hölzernen Sarg. Silbermünzen werden auf die Augen gedrückt, um sie zu schließen. Am Kopf und Fuß des Sarges glimmt je eine Öllampe. Enkel und Kinder umschreiten mit brennenden Kerzen feierlich den Sarg.

Die Leiche verbleibt nicht länger als zwölf Stunden im Haus. Die Leichen Erwachsener werden, anders als jene von Kindern, meist **verbrannt**. Handelt es sich bei dem Toten um einen verheirateten Mann, so tritt eine Witwe vor und **nimmt den** *thali* **vom Hals der Frau des Verstorbenen ab**; dies symbolisiert das Ende ihres Ehelebens. Ebenso feierlich **wird der rote Punkt an ihrer Stirn entfernt**. Eine **Witwe aus Nordindien** schlägt ihre Armreifen gegen einen harten Widerstand, um sie zu zerbrechen. Obwohl Trauer auch offen gezeigt wird, vernehmen Sie **kein lautes Heulen oder Wehklagen**.

## Ratschläge für Trauergäste

• Der Kondolierende **bezeugt zuerst der Witwe oder dem Witwer sein Beileid**. Hierzu ergreift er die Hände und verneigt sich. Oft spricht er ein stilles Gebet. Danach macht er den anderen Trauergästen Platz.
• **Nur Männer begleiten den Leichnam zum Krematorium.** Die **weiblichen Angehörigen** der Trauerfamilie bleiben im Haus zurück, um es zu reinigen, so wie die Sitte es vorschreibt, wenn ein Verstorbener sein Zuhause für alle Zeit verlassen hat.
• Man kann **Blumenkränze** in das Trauerhaus senden. **Geldgaben** sind nicht üblich.
• **Weiß, Schwarz, Grau oder gedämpfte Töne** sind für **Trauerkleidung** angemessene Farben. Vermeiden Sie helle, kräftige Farben.
• Der Besucher kann sich, nachdem er sein Beileid ausgesprochen hat, vom Trauerhaus **verabschieden**, ohne eine vorgeschriebene Zeit dort verweilen zu müssen.

## Tu! und Tabu! bei Trauerfällen

• An einem **Montag, Dienstag** oder **Donnerstag** sollte man der Familie eines Verstorbenen keinen Besuch abstatten. An diesen Tagen sucht der Schmerz der Trauernden auch den Kondolierenden heim.
• **Nach der Teilnahme an einer Bestattung** betritt ein Inder sein Haus erst wieder, nachdem er sich mit Wasser gewaschen hat, das zu diesem Zweck vor dem Haus bereitsteht. Vor diesem **Reinigungsritual** trinkt, ißt und spricht er nicht, noch berührt er eine Person.
• Inder **dürfen nicht innerhalb ein und desselben kurzen Zeitraums an einer Hochzeit und an einer Beerdigung teilnehmen.** Sie müssen sich für die eine oder andere Zeremonie entscheiden.
• Einer **Witwe** ist der **Tempelbesuch** erst ein Jahr nach dem Tod ihres Mannes wieder gestattet. Ein **Kind** dagegen darf sich bereits einen Monat nach dem Tod eines Elternteils wieder in den Tempel begeben.
• Eine **Witwe darf ein Jahr lang keine sozialen Aufgaben** übernehmen.
• Die **Familienangehörigen** dürfen für bestimmte Zeit **keine fleischliche Nahrung** zu sich nehmen.

# Kulturschock
# Das geheimnisvolle Leiden

## Kulturschock – Was ist das?

Der Begriff »Schock« bezeichnet einen Zusammenprall, einen plötzlichen und verstörenden physischen oder geistigen Eindruck, eine Störung des Gleichgewichts. Ein solcher **Kulturzusammenprall** äußert sich als **Zustand der Anspannung und der Angst.** Dieser Zustand rührt von den verstörenden Eindrücken her, denen man ausgesetzt ist, und dem Verlust des Gleichgewichts, den man verspürt, wenn man all **die vertrauten Zeichen und Symbole seines sozialen Umgangs verliert.**

Ein Fisch auf dem Trockenen mag ähnliches empfinden wie der Fremde, den jenes eigentümliche Unbehagen beschleicht, wenn alle Mitglieder der ihn umgebenden Gesellschaft wissen, was, wie, warum, wo und wann etwas zu tun ist, nur eben der Fremde nicht. **Und natürlich ist es stets der Ausländer, der sich anpassen muß, und sind es niemals die anderen.**

In dieser Situation hat der Fremde **jene Zeichen und Hinweise verloren, die die tausendundeinen Wegweiser einschließen, die ihm normalerweise zeigen, wie man sich in Alltagssituationen zu verhalten hat**: wann man sich die Hand reicht und was man sagen soll, wenn man Menschen begegnet; wann und wie man Trinkgelder gibt; wie man dem Personal Aufträge erteilt; wie man einkauft; wann man Einladungen annimmt und wann nicht; wann man Äußerungen für bare Münze nimmt und wann nicht … Diese Zeichen können aus Wörtern, Gesten, Mimik, Gebräuchen oder Normen bestehen. **All diese Hinweise erwirbt ein jeder im Laufe seines Heranwachsens, und sie sind ebenso Bestandteil unserer Kultur wie die Sprache, die wir sprechen, oder der Glaube, den wir annehmen müssen.** Unseres Seelenfriedens und unserer Leistungsfähigkeit wegen sind wir alle auf unzählige dieser Steuersignale angewiesen, von denen wir die Mehrzahl **nicht bewußt zur Kenntnis nehmen.**

Betritt nun ein Mensch den Boden einer ihm fremden Kultur, verflüchtigen sich sämtliche oder die meisten dieser vertrauten Hinweise. **So tolerant oder bemüht er auch sein mag, er wird spüren, daß Stützpfeiler unter ihm weggespült wurden.** Und dem folgt auf dem Fuße ein Gefühl von Frust, Streß und Angst.

**Diese Kulturschock-Empfindungen führen zu bestimmten allergischen und überzogenen Reaktionen:** übersteigertes Achten auf Sauberkeit, begleitet von dem Gefühl, das Neue und Fremde sei schmutzig; Angst vor körperlicher Berührung mit Einheimischen oder Dienstpersonal; ein Gefühl der Hilflosigkeit und der Wunsch, sich auf alteingesessene Angehörige der

**Coconut Dandy:** *Tropisches Paradies – oder Psychoterror im Tollhaus?*

eigenen Nationalität zu verlassen; Aufregung über Verspätungen und andere geringfügige Frustrationen, die in keinem Verhältnis zu ihrem Anlaß stehen; Vertagung und regelrechte Verweigerung des Erlernens der Sitten und
Gebräuche des Gastlandes; übertriebene Angst, betrogen, beraubt oder verletzt zu werden; unangebrachte Besorgnis bei geringfügigen Schmerzen und
harmlosen Hautausschlägen; und schließlich dieses unerträgliche Heimweh,
das Verlangen nach der vertrauten Umgebung, den Verwandten, Freunden
und ganz allgemein Menschen, bei denen ein Gespräch »Sinn ergibt«. Und
um das Bild noch schillernder werden zu lassen, seien der Liste der Symptome einige weitere hinzugefügt: übertriebenes Händewaschen, das abwesen-
de Stieren in die Ferne, übergroße Müdigkeit und unmäßiges Trinken.
**Frauen von in Malaysia oder Singapur tätigen Ausländern** leiden meist
stärker unter dem Kulturschock als ihre Männer, da sie mehr mit dem Alltagsleben in Berührung gelangen. **Die Herausforderungen des Alltags
beginnen bei den nichtigsten Dingen und Angelegenheiten:** Wo finde ich
einen guten Friseur? Welche Dosenmarke kann ich statt der vertrauten kaufen? Wie gewöhne ich mich beim Autofahren an den Linksverkehr und an
das Fahrverhalten der Asiaten? Weshalb ist der Fernsehtechniker nicht
gekommen, obwohl er doch »versprochen« hatte, den Fernseher zu reparie-

ren. Der Hausbesitzer bereitet Ärger: »Was soll das heißen, der Durchlauferhitzer ist nicht im Mietpreis inbegriffen? … Immerhin zahlen wir monatlich mehrere tausend Dollar Miete!« In den ersten Monaten belastet **das Klima**; woher kommt diese ständige Abgeschlagenheit? Wie bedauerlich ist doch der fehlende Wechsel der Jahreszeiten – und wie schön, daß die Sonne Tag für Tag scheint. Hier krabbeln Kakerlaken, so groß wie Feldmäuse, und hüpfen die *cicak*, kleine Eidechsen, aus dem Kochtopf, wenn man ihn aus dem Küchenschrank holt. Die Ameisen lassen sich nicht ausrotten, obwohl sie ständig gejagt werden. Taschen und Schuhe aus Leder schimmeln. Straßenhändler hängen die gekochten Hühner und Enten im Freien auf, igitt. Hocktoiletten geben Rätsel auf. Wie wäscht sich eine Frau am Brunnen, wie nimmt sie auf dem Lande in Malaysia im Damensitz auf dem Boden Platz, ohne daß die Glieder schmerzen oder gefühlstaub werden?

**Die berufstätigen Ehemänner** kümmern derlei Angelegenheiten meist weniger; entweder nimmt sie ihre Arbeit im Büro den ganzen Tag gefangen, oder sie befinden sich auf Geschäftsreise. Ihre Schwierigkeiten bestehen vielmehr darin, sich an **die Unterschiede im persönlichen und im Arbeitsverhalten** zu gewöhnen, an die andersartigen Methoden, Einstellungen, Organisations- und Machtstrukturen, Autoritätsverständnisse, Geschäftspraktiken und an die Tendenz der Einheimischen, »ja« zu sagen, wenn sie meinen: »Ich höre, was Sie sagen, bin jedoch nicht unbedingt damit einverstanden.«

**Fast allen Besuchern fällt es schwer**, in den Läden zu feilschen, Fragen wie: »Wieviel haben Sie dafür bezahlt?« zu beantworten und ihren Ärger, ihre Überfreundlichkeit, Lautstärke oder ihren Redeschwall zu drosseln.

**Der Kulturzusammenprall trifft weibliche wie männliche Ausländer oft am härtesten dann, wenn sie plötzlich feststellen, daß bei der Unterhaltung mit einheimischen Bekannten oder Freunden etwas schiefgelaufen ist.** »Was war das für ein merkwürdiger Gesichtsausdruck?« »Warum zuckte der alte Herr plötzlich mit seinem Kopf?« »Noch vor fünf Minuten haben wir alle gelacht und waren gelöst, warum ist die Atmosphäre jetzt so gespannt?« Sie haben soeben bemerkt, daß sie **in ein Fettnäpfchen getreten sind – aber in welches und weshalb?**

Leider bleibt diese Erkenntnis häufig eine »Ahnung«. **Nur wenige Einheimische werden einen Reisegast in Verlegenheit bringen, indem sie ihn darauf hinweisen, daß er sich einen gesellschaftlichen Schnitzer geleistet hat.** Statt dessen bemerkt der Ausländer vermutlich einen eigenartigen Gesichtsausdruck. Oder ihm fällt auf, daß sein einheimischer Bekannter einen Schritt zurück macht, wenn er versucht, ihn zu berühren. **Dabei weiß der Fremde wahrscheinlich nicht einmal, weshalb etwas danebengeht, was er dazu beigetragen hat oder was genau schiefgelaufen ist.** Er ahnt lediglich überall Fallen, die zum Fehlverhalten verleiten.

**Solcherlei Fallen gibt es viele:** Der männliche Besucher will vielleicht Freundschaft und Offenheit zeigen, indem er seine asiatische Gastgeberin

*Mittel gegen den Kulturschock:*
*Kennenlernen der chinesischen Kultur (Lachender Buddha, Penang)*

unverbindlich, doch herzlich in der Art der Franzosen zu umarmen oder auf die Wange zu küssen versucht – dabei sollte er sie nicht einmal berühren. Seine Frau kneift liebevoll in die Pausbacken des Babys der Gastgeber und lobt dabei sein gesundes, hübsches Aussehen – dabei wissen alle asiatischen Mütter, daß Komplimente Gefahr heraufbeschwören, da sie den Neid der Geister wecken, die mit dem »bösen Blick« den Liebreiz des Babys rauben. Weil sie zur Heirat der malaiischen Sekretärin ihres Ehemannes elegant auftreten möchte, trägt die Ausländerin ihr schönstes rücken- und ärmelfreies, enganliegendes Kleid – zu spät bemerkt sie, daß die Malaiinnen sehr bedeckt gekleidet und lediglich Kopf, Hände und Füße entblößen. Der unerschrockene Ausländer rückt seinem Gesprächspartner zu dicht »auf die Pelle«; er lacht an den falschen Stellen und schneuzt sich in den falschen Augenblicken; er spricht seinen Kollegen mit dessen Eigennamen an; er erregt Ärgernis, indem er laut redet, während er meint, er spreche nur bestimmt. Herr Ausländer betritt das Haus seines indischen Partners, ohne sich seiner Schuhe zu entledigen, obwohl er hätte bemerken müssen, daß niemand in diesem Haus Schuhe trägt. Sein Sohn reicht seinem malaiischen Freund ein Sandwich mit der linken Hand und sieht nicht einmal dessen überraschten Blick. Der Ausländer schlägt im Eifer des Gesprächs mit seiner rechten Faust gegen den linken Handballen – eine peinlich obszöne Geste in Anwesenheit der Gastgeberin und ihrer Kinder. **In solchen Momenten bemerkt der Ausländer, daß Kultur »wirklich« ist und »erlernt«.** In jenen Augenblicken begreift der Ausländer auch, daß die Menschen nicht notwendigerweise durch den universellen gemeinsamen Nenner der »menschlichen Natur« über Muster des gegenseitigen Verstehens verfügen. Und schließlich hat der westliche Besucher hautnah die Bedeutung des Ausspruches festgestellt, der Konfuzius zugeschrieben wird: »Alle Menschen sind gleich, **nur ihre Gewohnheiten** sind verschieden!«

## Wie reagieren Ausländer auf den Kulturschock?

Die **Anpassung von Ausländern an eine fremde Kultur geschieht auf geradezu vorbestimmte Weisen.** Diese Reaktionen sind derart stereotyp und durch unzählige Proben aufs Exempel belegt, daß wir von **klaren Grundtypen und -mustern der Reaktion** sprechen können.

Zu Beginn ihres Aufenthalts sind die meisten Ankömmlinge vom Neuen fasziniert. Sie wohnen in komfortablen Hotels und treffen ständig auf interessante neue Menschen, die ihnen höflich und freundlich entgegenkommen. **Diese »Flitterwochen« können einige Tage oder Wochen bis hin zu sechs Monaten andauern. Erst danach entpuppen sich die verschiedenen Reaktionstypen:**

## Der »Igel«

**Der verbreitetste Typ des Ausländers ist leider der »Igel«.** Er nistet sich meistens in seiner ursprünglichen Kultur ein und beschränkt die Kontakte mit der fremden Kultur und ihren Menschen auf ein Minimum. **Er lebt zwar in Singapur und Malaysia, doch erlebt die Kultur seines Reiselandes nicht.**

Er neigt dazu, mit anderen Ausländern in künstlichen »Luftblasen der Kultur« zusammenzuhocken, in denen er Sicherheit und emotionale Unterstützung findet. Er wohnt gewöhnlich in einem Ausländerviertel, besucht Ausländerclubs, kauft in Läden ein, die die Waren seiner Heimat führen, und schickt seine Kinder auf die Schule für Ausländer. **Bei Arbeit, Freizeit und Religion bleiben diese Ausländer unter sich.**

Der »Igel« wird Teil beispielsweise eines Mini-Deutschland, bestenfalls Mini-Europa. **Er sieht sich nicht der Anforderung gegenüber, eine neue Kultur erlernen zu müssen, sondern managt statt dessen seine Rolle als Ausländer.** Während diese Art der »Anpassung« für den Fremden insofern vorteilhaft sein mag, als sie ihm erlaubt, sich mit einem Minimum an Aufwand niederzulassen und ein Minimum an kultureller Desorientierung bewältigen zu müssen, so kann sie ihm **letztendlich doch schaden, da sie ihn in die Isolation führt.** Der »Igel« zieht somit nicht den besten Nutzen aus seiner Begegnung mit einer fremden Kultur. Er lernt nicht, wie man mit den Einheimischen Kontakte knüpft, mit ihnen lebt oder gar arbeitet und erfolgversprechende Geschäftsbeziehungen eingeht und ausbaut.

*Mittel gegen den Kulturschock:*
*Entdecken der malaiischen Kultur und Lebensatmosphäre*

## Reaktionen der »Igel« auf die fremde Umgebung

• **Die Flucht:** Viele Ausländer geben beim Kulturschock ihrem Fluchtinstinkt nach. Sie laufen allem davon, was ihnen anders und fremd erscheint, oder sie gehen jeglichem Kontakt mit der fremden Kultur aus dem Weg. **Zwei Symptome zeigen das Fluchtverhalten an: Stachel stellen und Einigeln.** Solche Besucher lehnen trotzig die Umgebung ab, die ihnen Verdruß bereitet: »Wir fühlen uns hier unglücklich, also ist das fremde Land schlecht.«

**Diese Ablehnung und Feindseligkeit erwächst aus den Schwierigkeiten, die der Ausländer im Laufe seines Anpassungsprozesses erlebt.** Die Einheimischen versuchen zwar zu helfen, verstehen jedoch nicht, welch hohe Bedeutung der Ausländer kleinen Scherereien beimißt. Aus diesem Grund

151

glaubt der Fremde, man stünde ihm und seinen Sorgen feindlich gegenüber. **Schließlich beginnen die »Igel«, ihr Heimatland mit einem irrationalen Heiligenschein zu verklären.** Sie erinnern sich ausschließlich an »die gute alte Zeit, als …«. Sie vergleichen sämtliche Aspekte der ungeliebten Fremde mit jenen ihrer wundervollen Heimat. Gewöhnlich finden sie erst in der Heimat wieder auf den Teppich zurück.

**Dies ist eine kritische Phase des Anpassungsprozesses.** Gelingt dem Ausländer währenddessen eine zufriedenstellende Anpassung, kann er sich zu einem **aufgeschlossenen, friedvollen Kosmopoliten** entwickeln. Andernfalls wird er sich vollends einigeln und so während der restlichen Zeit seines Aufenthalts in der Fremde verharren.

• **Der Kampf:** Einige Besucher reagieren mit einer Kampfhaltung auf den Kulturschock. Sie antworten auf die kulturellen Unterschiede mit Ärger, Feindseligkeit, Bestürzung, Abscheu, Ablehnung und Frustration. **Statt sich nach den historisch-kulturellen Ursachen der Eigenarten des Gastlandes zu erkundigen, hält der Ausländer seine Schwierigkeiten für eine böswillige Erfindung der Einheimischen, die ihm damit das Leben erschweren wollen.** Die **Verwendung von Stereotypen**, wie etwa »die dollargierigen Chinesen«, mag das Selbstwertgefühl des Ausländers nach einem schweren Kulturschock aufbauen helfen, **führt auf keinen Fall aber zu einem Verständnis des fremden Landes und seiner Bevölkerung.**

## Der Weltbürger

Dieser erfreuliche Typ des Reisenden ist trotz der internationalen Vernetzung leider nur recht selten anzutreffen. Im Gegensatz zum »Igel« paßt sich der Kosmopolit erfolgreich einer fremden Kultur an. **Er steht sozusagen mit je einem Bein in jeder Kultur.** Der Kosmopolit trifft sich privat mit Angehörigen beider Kulturen. Er entwickelt ein Geschick darin, die innere Logik und den Zusammenhalt anderer Lebensformen zu begreifen, und ein Verständnis dafür, daß er sie nicht als schlecht empfinden darf, nur weil sie sich von seiner eigenen Lebensform unterscheiden.

**Der Kosmopolit weiß, daß Kulturen relative Gebilde sind**, und lernt, die einheimische Kultur anzunehmen, wie sie ist. Er versucht nicht, sie zu bekämpfen oder zu verändern. Er spielt weder den »Einheimischen«, noch gibt er seine eigenen Werte, Überzeugungen und Traditionen auf. **Er ist überzeugt, daß die Loyalität zu seinem Heimatland nicht jene zum Gastland beeinträchtigen muß.** Vielleicht wird er nie gerne Fischköpfe, *belacan* oder Durian-Früchte essen, doch er verhält sich rücksichts- und respektvoll den Einheimischen gegenüber und schätzt ihre Kultur.

Man kann den Weltbürger vielleicht an seinem Optimismus, Enthusiasmus, Humor, an seinem Respekt für das Individium, welcher Art auch immer, erkennen. Auf Grund seiner Charaktereigenschaften kann man ihn zu den **»toleranten« Persönlichkeiten** rechnen.

*Mittel gegen den Kulturschock:*
*Entdecken der indischen Kultur und Lebensatmosphäre*

**Dieser Ausländer reagiert auf kulturelle Verlagerung mit Einfühlungs-vermögen, Neugier, Interesse und Hinnahme.** Er bemüht sich aktiv um Informationen, stellt Fragen und liest Bücher über die fremde Kultur. Von gleich zu gleich freundet er sich mit Einheimischen an. Er weiß sich in der fremden Kultur ohne Streß und Angst zu bewegen, obwohl es noch Augenblicke der Anstrengung gibt. Er erlebt den Aufenthalt in einer fremden Kultur mit Freude, und wenn er das Land verläßt, nimmt er einen Teil der Menschen und des Landes mit sich … und ein Teil von ihm bleibt dort zurück.

# Der Konvertit

Dieser Ausländertyp ist die seltenste Erscheinung. Frühe Beispiele dafür waren die Seeleute des Käpt'n Bligh, die meuterten, nur um auf Tahiti bleiben zu können. **Polemisch betrachtet sind dies Anpassungswillige, die »sich wie Einheimische benehmen, einen Lendenschurz tragen und um die Buschtrommel herumtanzen«.** Dazu gehören einige Entwicklungshelfer, Völkerkundler, Missionare, aber auch einfach Reisende, nachdem sie mit den Einheimischen auf dem Lande gelebt, deren Sprache erlernt und Lebensart angenommen haben. Manche unter ihnen fanden es schwierig, wieder ihre Muttersprache zu sprechen und sich an das Leben in der Heimat zu gewöhnen.
Der Konvertit wird tatsächlich zu einem Einheimischen. Er begrenzt seine Kontakte auf die Menschen innerhalb der neugefundenen Gemeinschaft.

Eventuell heiratet er sogar innerhalb der einheimischen Gemeinschaft, nimmt die Staatsbürgerschaft des Landes an und **schlägt in der neuen Kultur Wurzeln**.

## Praktische Ratschläge zur Überwindung des Kulturschocks

• **Lernen Sie die malaiische Sprache**, die erfreulicherweise nicht zu den schwierigsten der Welt gehört. Besonders Ehrgeizige können in Singapur auch Hochchinesisch lernen. Sprache ist der Schlüssel zu den Menschen und ihrer Kultur.

• **Seien Sie wissensbegierig wie ein Blatt Löschpapier.** Lesen Sie landeskundliche Bücher, und fragen Sie unbekümmert Ihre einheimischen Bekannten Löcher in den Bauch. Ihre Neugier und Begeisterung wird Ihnen Freunde erwerben.

• **Tauchen Sie in die Geheimnisse der Landesküche ein** – ob lediglich als Genießer oder gar als Kochkünstler/in. Wer malaiisch, chinesisch und/oder indisch kochen lernen will, könnte einen Kochkurs belegen.

• Sportlich Interessierte könnten sich in einer **fernöstlichen Sportart** wie Schattenboxen oder Kung Fu versuchen. Oder suchen Sie Kontakt bei **vertrauten Sportarten** wie Tennis, Golf, Wasserski, Tauchen usw.

• Interessieren Sie sich für **lokale Kunst und Kunsthandwerk** wie zum Beispiel Batik oder Kalligraphie.

• **Schalten Sie Ihren hochgetourten westlichen Energiemotor einen Gang zurück.** Hören Sie in der tropischen Hitze aufmerksam auf die Signale Ihres Körpers. Seien Sie gelassener, gönnen Sie sich (wenn möglich) ein Mittagsschläfchen. Und regen Sie sich keinesfalls über die zahlreichen *cicak* in Ihrer Wohnung auf. Sie fressen Moskitos und gelten als Glücksbringer. Manche Malaien bringen ihnen sogar kleine Speiseopfer dar, um sie zum Bleiben zu verlocken. Die *cicak* sind in gewisser Weise der Testfall für Ihre Anpassungsfähigkeit.

# Kulturspiel

## Situation 1

Ihnen kommt ein Auto entgegen, aus dem zur einen Seite ein ausgestreckter Arm ragt.
Wie reagieren Sie?

**A** Sie erfassen mit untrüglichem kriminalistischen Instinkt, daß hier ein Mörder eine Leiche abtransportiert, merken sich das Kraftfahrzeugkennzeichen und alarmieren flugs die Polizei.
**B** Sie denken an die asiatische Improvisationsbegabung und daß der Nagellack der Beifahrerin tatsächlich am schnellsten im Fahrtwind trocknet.
**C** Sie strecken gleichfalls Ihren Arm aus dem Fenster und winken zurück.
**D** Sie halten diese Geste für ein Blinksignal und reagieren entsprechend.

### Kommentar:

Mit Lösung **A** könnten Sie tatsächlich, nicht nur in Malaysia oder Singapur, ins Schwarze treffen – allerdings nur im allerseltensten Fall. Gleiches gilt, bei geringfügig erhöhter Trefferquote, für Lösung **B**. Wahl **C** weist Sie als kommunikationsfreudigen Mitmenschen aus, wäre allerdings in Irland besser angebracht. Also verbleibt nur mehr **D**: Der auf der Fahrerseite – ob von Fahrer oder Mitfahrer – ausgestreckte Arm dient tatsächlich als Blinkzeichen und läßt Sie wissen, daß das entgegenkommende Fahrzeug auf die rechte Fahrspur oder nach rechts abbiegen will. Hätte der Arm sich bewegt und zwar schwenkend gegen den Uhrzeigersinn, so hätten Sie als Hobbykriminalist natürlich nie auf **A** und damit eine Leiche geschlossen – sondern sich hoffentlich im Interesse der eigenen Sicherheit darauf eingestellt, daß das Fahrzeug links abbiegen oder auf die linke Fahrspur wechseln will.

155

## Situation 2

Ihr Auto hatte eine Panne. Sie benötigen es dringend, da Sie in einer Woche in die Heimat zurückkehren müssen. In der Reparaturwerkstätte verspricht man Ihnen, den Schaden binnen eines Tages zu beheben. Anderntags aber erklärt man Ihnen, die Reparatur verzögere sich wegen Ersatzteilbeschaffung um einen weiteren Tag.
Wie reagieren Sie?

**A** Sie stecken dem Angestellten ein dickes Trinkgeld zu in der Hoffnung, so den Wagen repariert in einer Stunde abholen zu können.
**B** Ihnen platzt der Kragen, und Sie machen Ihrem Unmut unmißverständlich Luft.
**C** Sie erinnern sich an den hohen Wert des asiatischen Lächelns und bringen Ihre Bitte um Beschleunigung der Reparatur mit breitem Honigkuchenpferd-Grinsen hervor.
**D** Sie fügen sich in Ihr Schicksal und ändern Ihre kurzfristigen Pläne.

### Kommentar:

Hier nützt einzig und allein Lösung **D**. Auf diese Weise verderben Sie sich am wenigsten Ihren Urlaub und damit die kostbarsten Tage des Jahres. Schließlich will man Sie keinesfalls mutwillig ärgern. Da nun einmal Ersatzteile fehlen, ändert hier auch Lächeln (**C**) nicht grundlegend Ihre Lage – obgleich es gewiß auch Ihre eigene Laune heben würde. Das Trinkgeld (**B**) wiederum würde zwar die Stimmung des Angestellten steigern, aber keine Ersatzteile herbeizaubern. Und wer **A** wählt, der erreicht gar nichts – außer absolutem Gesichtsverlust.

# Situation 3

Sie betreten, es ist noch recht früh am Morgen, ein chinesisches Geschäft. Kurz vor der Schwelle schwappt Ihnen Wasser entgegen, das der Ladeninhaber soeben schwungvoll mit einem Kübel auf den Gehweg kippt.
Wie reagieren Sie?

**A** Sie ärgern sich über die Unachtsamkeit des Ladeninhabers und machen auf dem Absatz kehrt.

**B** Sie ärgern sich, betreten aber dennoch den Laden, verwickeln den Inhaber in eine langwierige Verkaufsverhandlung, verlassen jedoch – um sich für Ihre durchweichten Hosenbeine zu revanchieren – das Geschäft, ohne einen Kauf getätigt zu haben.

**C** Sie wringen Ihre nassen Hosenbeine aus, betreten den Laden und verlassen ihn nach einiger Zeit mit einem Paket unter dem Arm.

## Kommentar:

Sie sind an diesem Tag der zweite Kunde dieses Geschäfts. Der erste Kunde verließ den Laden ohne Kauf – ein böses Omen, das der Inhaber soeben mit Wasser hinwegschwemmen wollte. Und Sie wollen ihn hoffentlich nicht noch tiefer ins Unglück stürzen, indem Sie **B** wählen! **A** zeugt von Ihrer Unkenntnis chinesischer Bräuche, befreit Sie außerdem nicht von Ihrem – zu Unrecht empfundenen – Ärger und macht Ihren Aufenthalt überdies sicher nicht zu einer Entdeckungsreise, wie es bei **C** der Fall wäre.

# Situation 4

Sie empfangen in Ihrem Büro malaiischen Geschäftsbesuch. Der Arbeitstag neigt sich seinem Ende zu, der Tag war anstrengend und schwül, und Sie gönnen Ihren schweren Beinen Entspannung, indem Sie sie bequem auf dem Schreibtisch ausstrecken. Gelockert und gutgelaunt, schließlich ist Ihnen Ihr Gegenüber nicht unbekannt, eröffnen Sie das Gespräch.
Wie wird Ihr Gesprächspartner Ihre gelöste Haltung einschätzen?

**A** Er wird Ihr jovial entgegenkommendes Auftreten zu schätzen wissen und sich in seiner Firma lebhaft für den Ausbau der Geschäftsbeziehungen zu Ihnen einsetzen.
**B** Er wird es sich erleichtert ebenfalls bequem machen und Sie, beeindruckt von Ihrer unkonventionell herzlichen Lässigkeit, zu einem Essen zu sich nach Hause einladen.
**C** Er wird das Verhandlungsgespräch höflich respektvoll durchziehen und in Zukunft von Ihnen Abstand nehmen.

### Kommentar:

Wer nicht **C** wählt, hat dieses Buch nicht gelesen. Die Schuhsohlen sollten nie auf Ihr Gegenüber zeigen, und auf gar keinen Fall gehören Füße und Schuhe auf den Tisch. Sie weisen sich damit nicht nur als überaus respektlos dem anderen gegenüber aus, sondern auch als höchst unkultiviert. Dies gilt übrigens nicht nur für Kontakte mit Malaiien, sondern auch für Begegnungen mit Indern und Chinesen – und wohl auch mit wenigen Ausnahmen für den gesellschaftlichen Umgang in Ihrer Heimat.

## Situation 5

Sie haben auf Ihrer Reise mit einem Hindu Ehepaar Bekanntschaft geschlossen und lernen nun auch dessen etzückendes kleines Kind kennen. Um Ihre spontane Zuneigung auszudrücken, tätscheln Sie im Gespräch liebevoll den Kopf des Kindes.
Wie wird man Ihre zärtliche Geste aufnehmen?

**A** Ihre Hindu Bekannten werden nun auch ihre Zurückhaltung aufgeben und Ihr Kind auf gleiche Weise liebkosen.
**B** Die Eltern werden sich freuen, daß das Kind Ihre Zuneigung findet, und es für den Rest des Abends Ihrem Schoß überantworten.
**C** Die Eltern werden ihr offensichtlich verstörtes Kind zu sich und alsbald Abschied nehmen.

### Kommentar:

Auf Entgegenkommen (**A** und **B**) wird Ihre liebevolle Kontaktaufnahme nicht stoßen. Nicht nur bei den Hindu, sondern auch bei den meisten Asiaten gelten Kopf und Haar als Sitz der Seele und damit als geheiligte Körperteile. Wer die jeweiligen Sitten nicht genau kennt, tut daher gut daran, sich auf Asienreisen bei Körperberührungen in Zurückhaltung zu üben, selbst wenn es »nur« um das Tätscheln des Kopfes eines Kleinkindes geht.